留住乡愁

闽西客家文化和旅游融合之旅

曾慧娟 ○ 著

中国纺织出版社有限公司

内容提要

本书以闽西客家文化和旅游融合为研究对象，基于近年来我国文旅融合的创造性转化与创新性发展，为闽西客家文化旅游开发与乡村振兴提出了相关方案与建议。文化是一个国家、一个民族的灵魂，是民族自信的重要根源。文化在历史中创造，在生产生活中呈现，在现实中发展，在传播中以文化人，在代际传递中持续创新。本书为文旅融合与文化创造性转化和创新性发展提供了新思路，适合于旅游管理专业师生及对此方面感兴趣的读者。

图书在版编目(CIP)数据

留住乡愁：闽西客家文化和旅游融合之旅 / 曾慧娟著. -- 北京：中国纺织出版社有限公司，2024.3
ISBN 978-7-5229-1468-8

Ⅰ.①留… Ⅱ.①曾… Ⅲ.①客家—民族文化—研究—福建②旅游文化—旅游业发展—研究—福建 Ⅳ.①K281.1②F592.757

中国国家版本馆 CIP 数据核字（2024）第 046838 号

责任编辑：段子君 周亚纯　　责任校对：寇晨晨
责任印制：储志伟

中国纺织出版社有限公司出版发行
地址：北京市朝阳区百子湾东里 A407 号楼　邮政编码：100124
销售电话：010—67004422　传真：010—87155801
http://www.c-textilep.com
中国纺织出版社天猫旗舰店
官方微博 http://weibo.com/2119887771
三河市延风印装有限公司印刷　各地新华书店经销
2024 年 3 月第 1 版第 1 次印刷
开本：710×1000　1/16　印张：7.75
字数：127 千字　定价：99.00 元

凡购本书，如有缺页、倒页、脱页，由本社图书营销中心调换

福建省社科普及资助项目《留住乡愁：闽西客家文化和旅游融合之旅》

（编号：FJ2022JHKP014）

福建省级大学生创新训练项目《记得住乡愁：文旅融合绘就"乡村振兴"锦绣画卷》

（编号：202211312026）

前　言

　　文化是一个国家、一个民族的灵魂，是民族自信的重要根源。文化作为一种精神活动及其产品，包括一个国家或群族的历史、地理、风土人情、传统习俗、工具、附属物、生活方式、宗教信仰、文学艺术、规范、律法、制度、思维方式、价值观念、审美情趣、精神图腾等。

　　中国五千年的文明史，为我们留下了极其灿烂而又厚重多彩的文化，通过物质和非物质的形式影响着我们的生活。文化在历史中创造，在生活中呈现，在现实中发展，在传播中以文化人，在代际传递中传续创新。《易经·贲卦》中有云："刚柔交错，天文也；文明以止，人文也。观乎天文，以察时变，观乎人文，以化天下。"由于历史传承、区域特点等的不同，各区域各民族的文化在同中有异、异中有同，而且随着时代的发展，呈现出不同的内容、不同的解读和呈现方式。在中华优秀传统文化的传承和发展中，应突出一个"变"字，"变"字清晰地表明了中华优秀传统文化创造性转化和创新性发展的科学性。中华优秀传统文化既要适应时代之变，又要适应形势之变；既有自身内涵之变，又有自身意义之变；既有自身价值之变，又有自身功能与作用之变。

　　"变"有主动之变，也有被动之变，不管是主动之变还是被动之变，都有其原因；"变"之后要定型且持续，需要有足够的受众基础。在当前，文化的产业化、市场化是变的重要诱因，其市场价值能实现是文化新内容、新内涵、新形式持续的重要支撑。当前，文旅融合是实现文化产业化、市场化、进而实现创造性转化和创新性发展的重要形式。在与旅游业的融合中实现对于中华优秀传统文化与时俱进的发展和不断创新，对那些至今仍有借鉴价值的内涵和陈旧的表现形式加以改造，赋予其新的时代内涵和现代表达形式，激活其生命力，使中华文化展现出永久魅力和时代风采。

　　2020年10月，中国共产党第十九届中央委员会第五次全体会议明确提出："传承弘扬中华优秀传统文化，加强文物古籍保护、研究、利用，强化重要文化、自然遗产和非物质文化遗产系统性保护，推动文化和旅游融合发展，为国家文化与旅游业融合发展指明了方向。"促进文旅融合在近年来已成为政策实施的热点，国家发布了多项政策对此进行了规范和支持，根据国民经济发展规划文本，国民经济规划的指导意见落实到行业中，中华人民共和国文化和旅游部每年都发布系列具体支持政策。

"旅游是载体、文化是灵魂"既是文旅融合的核心理念，也是政策设计的核心思路。在中央精神和政府政策的指导下，十几年来，文旅融合产业得到迅速发展，实现了文化产业与旅游产业相得益彰、共同大跨步前进的效果，在区域发展中所起的作用越来越大，其具体作用如下：

一是营造宜业宜居环境。发展文旅经济不仅需要有文化资源，也需要有吸引游客的环境。各地政府、企业、居民由此投资、丰富文旅产品，改善旅游环境，文旅产业发展所带来的收入不仅形成投资回报，也创造了持续改善环境的动力，进而拓宽地区经济发展空间，提高当地居民收入，改善当地民生状况，提升地区的生产力和创新力。

二是带动消费和就业。文旅融合可以带动包括住宿、餐饮、交通、购物等多个行业的消费，从而推动当地服务业的发展，创造更多就业机会，助力提升地区经济发展水平，极大地增强区域经济发展的活力。我国近年第三产业的比重持续提升，文旅产业发展功不可没。

三是提升区域形象和竞争力。文旅融合可以挖掘地方特色文化，打造多样化的文化旅游产品，加强城市形象塑造，提高城市知名度，增强城市吸引力和竞争力。近年来，各地均推出一些富有文化内容的旅游口号，给人们留下了深刻印象。例如，山东：好客山东欢迎您；四川：天府之国，熊猫故乡；江苏：山秀水灵，古韵今辉；河北：诚义燕赵，胜境河北；河南：心灵故乡，老家河南；浙江：诗画江南，山水浙江；湖南：锦绣潇湘，快乐湖南；福建：山海画廊，人间福地，等等。一句响亮的口号，对区域形象的展示作用巨大，如福建三明市旅游资源丰富，但旅游发展乏力，近年推出"风展红旗，如画三明"的口号后，形象一下子立了起来，不仅文旅经济得到了快速发展，整体实力也显著增强。

四是推动城乡区域协调发展。通过推动文旅融合，可以促使城乡区域经济协调发展，支持城市和农村的互补发展，实现区域经济的良性循环。乡村市场化、现代化进程相对落后于城市，传统文化资源尤其是非物质文化遗产保存较好，文旅融合和乡村振兴可以互相促进和支持，带来更多的游客和收入，从而促进当地经济的发展。同时，可以通过开展文化、艺术和旅游活动来挖掘与宣传当地的文化和历史遗产，促进文化传承和保护。此外，文旅融合还能带来更多的就业机会和创业机会，促进乡村人口流动和聚集。因此，文旅融合成为乡村振兴的重要手段之一，既促进当地经济的发展，也保护和传承当地的文化遗产。休闲农业示范点、传统村落和乡村旅游示范村已成为文旅融合发展的重要载体。集聚融合生态农业、历史文化、旅游体验三类资源，发挥农文旅融合发展，在拉动内需、提振消费、城乡融合的促进作用，正在成为释放农村地区资源价值与要素活力的重要抓手，激发农村地区经济潜力的有力举措，全面推进乡村振兴的创新路径，进而有效推动共同富裕、城乡融合。

在党的二十大精神的指引下，当前各地区均在立足新发展阶段，瞄准新发展需求，从供给侧发力，坚持以人为本、科技赋能，推动文化和旅游在更深层次、更广范围、更高水平上实现深度融合，以全新的理念打造融合发展新模式。一方面，深化对文化内涵、潜在价值进行挖掘和整理，对文化符号进行精准提炼；围绕特定文化主题进行情感设计、氛围设计、活动设计和场景设计，创新性推动特色文化资源的开发和转化；加快提升利用新技术培育文旅融合发展新业态的能力，加强第五代移动通信技术（5G）、超高清、增强现实、虚拟现实、人工智能等信息技术的运用，打造新一代沉浸式体验型文旅融合业态产品。另一方面，推动"非遗+旅游""文创+旅游""博物馆+旅游""演艺+旅游""音乐+旅游""动漫+旅游""节庆会展+旅游"等旅游业态创新发展，将文化内涵、文化价值融入旅游产业链各环节，实现旅游业态价值升级。既打破了文化资源与旅游资源分离，文旅融合形式化、浅层化的发展困境，创新推动文化资源与旅游资源融合利用，实现文化对旅游内涵的提升和旅游对文化资源的激活、保护、传承；又发挥了文旅融合的拉动、渗透、催化功能，深化文旅与一二三产业跨界融合发展，以"文旅+"为核心，促进文化旅游与工业、农业、体育、教育、科技、金融等产业跨界融合，在"城乡融合""区域融合""产业融合""景城融合""要素融合"上集成联动，推动网红经济、夜间经济、创意经济、体验经济等新模式落地发展，实现更大范围和更广领域的文旅产业链整合、价值链提升。

2017年，联合国世界旅游组织在重新定义文化旅游时指出，文化旅游中游客的基本动机是学习、发现、体验和消费有形和无形的文化景点/旅游目的地的产品。文化旅游景点涉及社会独特的物质、文学、精神和情感特征，包括艺术和建筑、历史和文化遗产、烹饪遗产、文学、音乐、创意产业、生活方式、价值体系、信仰等；全世界旅游活动中约有37%涉及文化因素，文化旅游者以每年15%的幅度增长。文旅融合已成为必然趋势，文化和旅游产业融合可以保护遗产、促进经济发展和就业、实现经济增长、推进旅游多样化发展、增强文化理解力。

在实践中，文旅融合有多种方式，就其内容而言，传统文化与旅游融合的基础包括非物质文化遗产、物质文化遗产与旅游融合。

物质文化遗产，又称有形文化遗产，以历史场所和建筑、文化线路等为代表。物质文化遗产与旅游的融合模式主要有活化型融合和保护型融合。

活化型融合是指对现有的物质文化遗产进行延续利用与活化改造来发展旅游。活化型融合在保留原有文化的基础上，迎合现代人的需求，进行活化改造。

闽西境内一些有历史和文化体验价值的古城、古村落、古宗祠、古寺庙等仍发挥着其原有居住、信仰等方面的功能，经过一些改造使其满足现代旅游需求。长汀古城被称为"中国最美的小城"之一，长汀县政府成立了古城管理委员会，领导对古城的修复、改造，既修旧如旧，又增加一些灯光影像等现代元素，提高游客的体验感。例如2019年"五一黄金周"，长汀古城接待游客30.4万人次，比2018年增长21.9%，旅游收入实现1.952亿元，同比增长29%，被央视《经济半小时》报道。

保护型融合以文化线路为主要对象，通过对文化的保护和旅游的开发利用实现文旅融合。海峡客家旅游是福建打造的一个重要的文化旅游品牌，以客家祖地、客家首府为主要文化符合，集古城、古镇、古村、古建筑、古民俗、传统技艺与物产等于一体，对海内外游客有很强的吸引力。而且由于客家文化资源集中分布于闽、粤、赣三省交界区，这一旅游线路开发不仅为旅游和文化交流提供平台，通过对线路的开发还促进区域旅游合作甚至更广泛的经济合作，如在支持闽西建设革命老区高质量发展战略中提出，支持龙岩与大湾区共建产业合作示范区。

非物质文化遗产，又称无形文化遗产，以工艺品、美食、传统节日、口述传统、宗教旅游等为代表。非物质文化遗产与旅游的融合模式主要有开发型融合、体验型融合。

开发型融合主要是指通过融合现有的资源，开发非物质文化遗产公园、博物馆等场所，向游客展示非物质文化遗产。位于龙岩上杭的客家族谱博物馆藏有闽、粤、赣、川、桂、台等客家地区153个姓氏2683部11800册客家族谱、19151份的民国以前客家契约、近百幅客家祖图及客家神明崇拜图、1000多件客家地方文献资料、客家民俗器物及闽台客家方志等，已基本建成以客家族谱为中心，涉及客家宗族文献、民俗器物文物等藏品体系，藏品收藏规模大、内容丰富完整、形式多样化的专题馆。客家族谱博物馆自成立以来，充分利用客家族谱这一血缘文化优势，为数以万计的客家乡亲提供了寻根探源、族谱对接等服务，成功举办了"客家族谱赴台湾展""海峡论坛·闽台姓氏族谱和涉台文物展暨宗亲恳亲会""闽台客家族谱文化学术研讨会"和"第八届海峡论坛·海峡客家（上杭）族谱文化风情节"等活动，吸引了海内外客家宗亲、学者和游客前来参观。

体验型融合主要通过开发如节庆活动、演艺和体验类旅游活动，通过市场手段让游客参与其中体验非物质文化遗产。对非物质文化遗产进行体验型开发主要是对民间舞蹈、民间音乐和民俗活动等进行开发，形成综合性的旅游体验类活动。该类融合中游客的参与性极强，如连城培田春耕节，每到春天，播种之前，培田人会举行祭拜仪式，祈求这一年风调雨顺，国泰民安；在活动期间，举办犁春牛、插秧比赛、套白鸭、摸泥鳅、抓鱼、喂小兔、种瓜种豆等春耕活动，十番音乐、闽西汉剧、木偶技艺、连城拳、打腰鼓大鼓、花灯游龙等文艺活动，还推出特色客家美食等，内容极为丰富，此类活动已成为客家非遗的重要展示机会。另外，还有连城罗坊走古事和姑田游大龙、武平农村春晚、永定陈东四月八都是极具特色的文化旅游项目。

客家文化源自中原，是汉文化的重要组成部分，又在承续中原古代汉文化的过程中与迁徙所经地的民族文化相融合，并在长期封闭的山区中自发展了较长时间，因而与中原文化和其他民族文化既有承继关系，又有独特性。这种变化与独特性引起了包括学术研究者在内的海内外民众的兴趣，尤其是在2008年，"福建土楼"被正式列入《世界遗产名录》之后，世遗游、客家游成为热点，游客数量和旅游收入连年递增。

曾慧娟
2023年10月

目 录

第一章 文化大观：闽西客家文化形成、传承与传播 …… 1

第一节 形成：南迁中的融合与文化再造 …… 1

第二节 传承：文化的再现与变异 …… 6

第三节 传播：亿万全球客家人共同的家园 …… 11

第二章 文旅交融：闽西客家文化的创造性转化与创新性发展 …… 21

第一节 闽西客家文化与旅游融合发展的必要性 …… 21

第二节 闽西客家文化旅游资源分类 …… 24

第三节 闽西客家文化与旅游融合发展的模式与路径 …… 27

第四节 闽西客家文化与旅游融合发展中的问题与对策建议 …… 32

第三章 全域旅游：闽西客家文化综合性开发的经典案例 …… 37

第一节 长汀：客家首府，大美汀州 …… 37

第二节 连城：文旅交融共谱客家山水田园协奏曲 …… 50

第三节 上杭：打造寻根文化旅游的南方样板 …… 64

第四节 武平：民间信俗文化旅游独具特色 …… 72

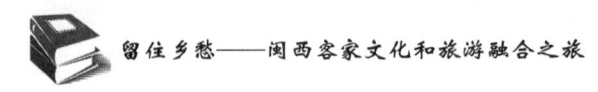

第五节　永定：土楼旅游让世遗永传续 ·· 75

第四章　留住乡愁：闽西文化旅游开发与乡村振兴 ························· 87

第一节　培田村：重生的中国南方庄园 ·· 87

第二节　长汀三洲："文旅＋生态"古进贤乡展新颜 ···························· 92

第三节　洪坑村：文旅融合带动福建乡村振兴实绩突出村创建 ············ 97

参考文献 ··· 105

后记 ·· 109

第一章 文化大观：闽西客家文化形成、传承与传播

第一节 形成：南迁中的融合与文化再造

一、中原汉民南迁与客家民系的形成

中国自远古起，发展重心便在黄河流域，北方经济、社会、文化的发展水平远远超过了南方，南方长期处于未开化状态。秦朝和汉朝末期，由于各地起义，北方战争纷杂，部分北方人将目光转向较为安定的南方，开始南迁。这部分南迁的北方人经过辗转，有一小部分成为客家人的先祖。

唐以前，闽西的具体人口数无明确的史料记载，古代世居本地的闽越人于汉武帝元封元年（公元前110年）被强行迁徙到江淮之间的区域，此后的几百年间，除部分人避居入山外，闽西基本成为荒无人烟的化外之地。西晋永嘉（公元307～311年）之乱后，北方汉族人民为逃避战乱和民族冲突，纷纷举族南迁，大量人口从中原迁往长江中下游地区，出现了空前规模的民族大迁徙浪潮，史称"永嘉南渡"，中原民户渡淮南而下者超过百万。南迁时间持续了两个世纪之久，其中有部分汉人开始越过武夷山脉，进入闽北、闽西，据长汀历史博物馆展出资料记载，晋代迁入的姓氏有"管、邓、钟、丘"四姓，南北朝有"巫"姓，隋代有"罗"姓。

唐宋期间，是闽西大量接纳北方汉民并形成地方特色民系的时代。唐开元年间，闽西约有居民3000户，到天宝元年（公元742年），临汀郡（原称汀州，辖长汀、龙岩、宁化）计有4682户，15720人。由于安史之乱的影响，闽西人口出现了短暂减少，到元和年间（公元806～820年），长汀、宁化（属汀州）有2618户，龙岩（属漳州）约440户，3县合计为3000多户。在元和以后，

由于国力恢复和闽西高山对中原地区战乱的隔离，中原地区人口进一步迁入，人口出现恢复性增长。在唐代，北方迁入的姓氏有"王、朱、李"等40个，在唐末五代，又有"徐、姚、范"等45姓迁入。这些迁入的汉民与当地的闽越人和畲人开始互相融合，约在南宋时形成两支各有特色的民系，一支由沿海入闽西者，主要居住在九龙江流域的现漳平、新罗区境内，成为福佬人（河洛人，其文化特质上应属闽南）；另一支由江西、闽北入闽西者，定居于汀江流域而形成客家民系。

宋代是闽西人口急剧增加的年代。北宋元丰年间（1078～1085年），汀州辖的长汀、宁化、上杭、武平4县，计有81456户（其中主户66157，客户15299）；漳州所辖的龙岩约有25117户，合计106573户。与唐元和时期的户数相比，200多年间，户数增加200多倍。究其原因，一是百姓为逃避赋税负担而父子兄弟各自立户所造成，二是长期承平，农业生产力迅速提高和矿冶业发展使生活水平提高带来人口自然增长，三是北方汉民迁入的机械性增长因素。其后，一因南宋高宗南渡后，人口大量南迁，宋代新迁入的姓氏有"陈、王、谢"等43姓；二因绍兴五年（1135年），闽西婴儿死亡率高，地方官吏奖励多生，各地建"举子仓"（生1个男孩奖米1石）。因此，到庆元年间（1195~1200年），出现第一次人口高峰。当时，汀州所辖长汀、宁化、上杭、武平、清流、连城6县有218570户，计453230丁（16岁以上男子为"丁"）。至宝祐年间（1253~1258年），汀州6县共有223432户，计534890丁，可见当时的人口在100万人以上。至此，主客易位，汀州的客家先民占绝对优势，客家先民和畲人已基本演变成客家人。

从唐末宋初至宋末，大量南迁汉族移民进入赣、闽、粤边，与原住民相融合，在赣、闽、粤边界繁衍生息，在远离战乱的山区共同生活，形成具有共同语言和共同习俗文化的客家人的共同体。据现有史料，正史首先提及客家的是明嘉靖（1522~1566年）年间编修的《惠州府志》和《兴宁县志》，这表明客家形成在明之前，而元代是闽西人口剧减、社会较为动荡时期，显然不利于民系形成；隋唐以前的北人南迁都是以平民为主的，人数居多，却缺乏文化底蕴，宋元之后的北人南迁则不同，他们除了平民外，还有不少官宦人家、文人骚客和仁人志士，**特别是宋朝，当时中原文化非常繁荣，北人南迁是随官府朝廷不断南移的，他们不仅人来到南方，还带来了浓厚的中原文化。所以，隋唐之前的中原人来到南方，壮大了客家人的规模，但因缺乏文化因素，难以形成自己的特色民系文化。**宋元之后，随着一些望门贵族和文人骚客来到南方，既使客家壮大了规模，又使客家提升了社会地位和文化品位，促使客家民系和客家文化的最终形成。因而，宋代说广为认可，近年客家起源的研究成果较为丰富，学者也多持客家形成于闽西，时间在宋时之说。《客家学概论·客家民系的形成》中说："客家民系的形成是个历史过程，它起于客家先民南迁的西晋末，历经隋、唐、五代十国时期，至南宋完颜亮南侵而基本形成。大体言之，概括为孕育于赣南，成熟于闽西，发展于粤东。"《宁化石壁与客家在闽西形成、发展的若干的问题》中说："客家人和其他民族民系的形成和发展一样是一个历史过程。赣、汀、惠三州及这三江流域在客家形成发展中各自起着不可取代的作用，赣州和赣江流域是客家人形成的摇篮；汀州与汀江流域是客家先民初步转变为客家人之地；惠州及东江流域是客家人最终形成、完善与兴旺发达之地。"《客家风华·客家源流》中说："客家民系的形成经历一个很长的历史过程：在赣南开始，在闽西进一步发展，在粤东完成。"

二、南迁中的民族融合

客家人是历史上汉民多次南迁并定居于南方之后形成的民系，曾被认为"中原最纯正的正统汉人的后裔"，但随着研究的深入，客家人是汉民与南方原住民融合的产物的观点得到越来越多的验证。

客家人在历史上的迁移中，由河洛出发，经湖北、安徽，入江西，过武夷山脉抵达福建，进而形成客家民系。所经地区多为山区，而且在古代生产力条件下，迁移过程极为漫长，其中，迁移的汉人在江西、福建所处的时间最长，因而不可避免地与所经地区的原住民通婚、交流，实现民族融合。

江西赣南地区的原住民在古代称为山都木客。南北朝著名科学家祖冲之在《述异记》说，南康和赣县均有山都，在深山树中作巢居住，隐身，难得看见他们。并记载了一个故事：赣县西北十五里有古塘，名余公塘，上有大梓树，约20围，树老中空，有山都巢。《太平寰宇记》还记载说，唐末时，木客尝就民间饮酒为诗："酒尽君莫沽，壶顷我当发，城市多嚣尘，还山弄明月。"对此，宋代苏东坡《虔州八境图八首》其八亦云："回峰乱嶂郁参差，云外高人世得知。谁向空中弄明月，山中木客解吟诗。"可见，直到唐宋时期，赣南地域仍有山都木客活动的踪迹。不仅赣南有山都木客，据有关资料记载，山都木客还广泛分布于福建、江西、广东、安徽、浙江、湖南、广西和四川等省，尤以闽、粤、赣交界的客家基本住地最为活跃。其生活特点是：居深山密林间，有树居，也有室居，少与他人接触，即所谓隐形。其身体特征，有的记载身材高大，有的说个子矮小，肤色黝黑。能劳动，会制木器；有语言和婚丧习俗。使用乐器，善歌舞以及喜吃虾蟹等。可见，山都木客明显是人，而不是神鬼怪物。据考证：山都木客应为古百越族的遗民。他们居住地在古汉民的迁移路线上，且有不少汉民在赣南定居下来，形成杂居状态，并在血脉与文化上互相融合，共同成为客家人的起源。

在中原汉民迁入以前，闽西原住民主体最早是百越族，秦始皇统一中国后，把天下划分为36郡，公元前214年前后，又取得广东、广西、福建等地，增设4郡，福建地区是4郡之一，名闽中郡，闽西地属闽中郡。西汉初期，出现闽西史载最早的政权——南海国，国王名叫刘织，是百越族人，原为闽越国的南武侯，公元前195年，被汉高祖册封为南海王。后来刘织发兵反叛汉朝，淮南王刘长遣兵攻打南海国，刘织投降，刘长将南海国的臣民全部迁往上淦（今江西省清江县附近），南海国灭亡，少量的南海国民避入山野。南海国灭亡后，本地人口空虚，盘瓠蛮（起源荆州地区的武陵蛮）的一支迁入，形成畲族。唐高宗总章二年（公元669年），因泉潮间"蛮僚啸乱"，居民苦之，诏命陈政、陈元光父子领兵入闽平乱。此处的蛮僚即为畲族先民，据清杨澜《临汀汇考》卷三载：闽西"唐时初置汀州，徙内地民居之，而本土之苗仍杂处其间，今汀人呼为畲客"。畲族人居住于山区，过着刀耕火种的生活，不向官府纳税，唐初本地区主为畲瑶，客为汉族。杂居错处必然打破民族界限，促进汉畲人民的接触和交往，而这种接触和交往的过程，便是汉畲民族融合的开始。这种融合在汀州设置后得到加速。唐玄宗开元二十一年（公元733年），福州都督府长史唐循忠于潮州北、广州（疑为虔州，今赣州）东、福州西光九龙洞一带（即闽西地）招抚"避役百姓共三千户"，为了加强对这些百姓的管理，唐循忠上奏中央，建议辟福州、抚州山洞置州。唐开元二十二年（公元734年）获准，开元二十四年（公元736年），朝廷在闽西地正式置汀州（因境内有长汀溪以为名。或谓境内有江，水向南流入广东，天下之水皆东，唯此水独南，按八卦图示，南方属丁位，古时乃名丁水，以水合丁为汀，故名汀州），汀州由此成为福建"五州"之一，领长汀、宁化、杂罗（史家多认为杂罗是新罗误写）三县。"汀州设置以后，原来的逃户就可以合法地取得户籍，他们开垦荒地，种植粮食作物，发展农业生产。也有的从事手工业和商业活动……汀州的设置安顿了当地的逃户，促进了闽西的开发和社会经济的发展。"这些避役百姓或逃户接受官府管理，因而与汉民的交流更加频繁，语言、文化、习俗在互相影响中越发接近，在随后的发展中，汉人日益增加，畲族逐渐融入汉民生活，甚至一些畲族完全与汉族相融，成为客家的一部分。

虽然南迁汉人与原住民都是客家源头，但汉人是占据主导地位的，"客家人基因族谱"项目分析表明：客家人起源的主体是北方中原汉人。另外，基因检测表明宁化的很多传统大姓，比如伍、罗、曹、张、巫、伊、刘、王、马、李、孙、郑等，都来自北方。该项目也支持宁化石壁为客家祖地之说："遗传学支持石壁的独特历史地位。该项目专门对石壁附近（石壁镇和淮土乡）的姓氏家族的基因家谱进行了分析。结果表明，石壁的姓氏的父系血缘中，中原汉人起源的比例（75%）远远高于宁化的其他区域（65%），尤其高于宁化北片的水茜、安远、泉上一带（59%）。在这么狭小的地理区域里，能形成这么大的血缘成分的差异。最合理的解释就是，中原汉人在南迁时，一下子涌入了宁化石壁这个狭小区域，形成了绝对的优势，以至于经过千年的变化之后，还能占到血缘成分的绝大多数。"

三、客家文化再造

唐以前，闽西的具体人口数无明确的史料记载，古代世居本地的闽越人于汉武帝元封元年被强行迁徙到江淮之间的区域，此后的几百年间，除部分人避居入山外，闽西基本成为荒无人烟的化外之地。晋代到两宋年间，由于北方大规模战乱较多，众多汉人南迁，闽西地处山区，武夷山脉成为阻隔战乱的天然屏障，加上此地气候较好，成为南迁汉人的世外桃源，人歌乐土，宋人有诗云："居人不记瓯越事，遗迹空传福抚山。地有铜盐家自给，岁无兵盗戍长闲。一川远汇三溪水，千嶂深围四面城。花继腊梅长不歇，鸟啼春谷半无名。"

唐宋以来，来自中原的汉民就构成了本地人口的主体，最早到达本地的汉民主要是战争难民，而这些难民在中原故地可推测多为大族、巨富，因为在古代战乱时期，举族进行数千里的大迁徙，要经历数十年甚至上百年才能来到福建，没有一定财富和势力，经不起途中物资消耗，这些家族往往也有家学渊源或受到较好的教育，因此族人对继续学习参加科举有本能的向往，视之为复兴家族荣光的最主要路径。闽西的客家人或客家族群将自己祖先的郡望刻在屋宅的门楣上，将祖先的功绩撰成楹联写在中堂上，时刻不忘来时路和祖上荣光，所以宋代福建山区乡野多有读书声、科举中第者众、以闽学再创儒家文化新高峰，这不仅是王审知治闽的结果，也是中原移民刻在血脉中的希望的一种变现。所以北方南迁汉人的到来，不仅带来了先进的生产技术，而且保存了汉文化的精华。汉文化与当代文化融合发展，使客家文化的内容丰富、形式多样、内涵厚重。但需注意的是，汉文化进入赣闽粤边不是在一两次大迁徙中完成的，而是循序渐进的。这种持续性播迁移民的过程，实际上是中原先进的农业社会向赣闽粤边不断拓展复制的过程。在这种拓展复制的过程中，中原汉文化始终起着基础和主导作用。而古代闽西的交通条件是很差的，其地处福建西部一角，与江淮联系的几条主要交通线都不沾边，平时外界干扰也很少，这个特殊的地域条件，使他们保持了中原汉人较多的语言和习俗。

汉族移民进入后，当地土著因生存空间被侵占，对汉族移民怀有戒心或敌意，与汉族移民时有摩擦或争执，但汉族移民毕竟受中原传统文化长期浸染并恪守自己的文明规则，他们秉承仁义治天下的"仁爱精神"，对文明低下的土著采取教化、融合的办法，与其和谐相处，逐步缓和与当地土著的矛盾，并使当地土著渐渐融入以汉族移民为主的全新社会中，汉族移民终于在这片充满希望的热土上扎下了根，并"反客为主"。南宋人陈一新在《跋赡学田碑》一文中记述："闽有八郡，汀邻五岭，然风声气息颇类中州。"就是说汀州一带方言习俗，与中原近似。

为了发展生产和生活，人与人之间的交流交往不可避免，语言是最重要的交流工具。南迁汉人将先进的耕作技术带进了赣闽粤边崇山峻岭地带之后，当地土著的生产力水平发生了质的飞跃，从而在生产方式方面进行了融合。在语言习俗方面也大体如此，因为南迁的汉族移民所讲的是以中原古汉语为基础的中州语言，是有文字记音的高度发达成熟的语言，相对于原住民十里不同音、百里不同调的没有文字记音的少数民族语言来说，无疑更容易学习和统一。于是，无论汉族移民还是原住民，要互相交流、互相学习，必然在较为统一的语言和习俗的前提下，融合原住民，同时在融合过程中汲取了当地原住民在经济方面有益的养分，以充实自己的文化。

所以，汉族迁移的过程是文化传播的过程，民族融合的过程则是以汉文化为主体的文化再造过程。

第二节　传承：文化的再现与变异

文化是一个民族、民系区别于其他民族、民系的重要标志。客家文化是以汉文化为主体，又吸收百越族、畲族文化，同时还在交流中受赣、粤、闽和其他地区文化影响而形成的文化，因而对中原文化既有承继关系，又有区别。

一、客家文化：恪守中州传统，不违典礼

生产。在生产活动中，相互支援协作，三代井田制的友助之风犹存。例如民国《上杭志·礼俗》卷二十所载：客俗"耕耘收获之时，通力合作、隐然如井田时代有相友相助之义。无事则比屋散居，有事则陇亩合食，求之国中，恐不多见"。

服饰。喜穿"唐装"、古风犹存；妇女戴凉帽，系由唐代贵族妇女所戴帷帽演变而来；妇女所穿"背搭"（没有袖子的上衣）与杭州俗同，是南宋时大量客家人从江淮南徙的一种印记。

民居。客俗聚族而居，是汉族传统宗族观念与封建家庭结构的一种反映；而殿堂式的建筑则是古代中原汉族府第风格的典型形式；客家围屋则是汉代坞堡的活化石；客家土楼的夯土版筑技术，更是中华古代建城造墙技术的结晶。

婚姻婚俗。沿袭纳果、问名、纳吉、纳征、请期、亲迎的"六礼"传统形式。故方志称：客家地区婚俗，犹事之近古者也。婚后，离好，改嫁的事较少发生，反映了客家人婚姻、家庭的稳定性，故史有"闽范最严，妇耻再嫁"之载；俗行"好女不嫁二夫"之说。显然，这与客家地区受儒家特别是受宋明理学的贞节观影响较深有关。

丧葬。其仪礼，相当繁芜，一遵古制而不变。故史有"循乎古礼"之谓。如丧服，春秋时晏子服粗麻衣、麻带，杜行、草厢与归时客俗毫无二致，竟绵延两千五百年之久。

祭祀。不仅祭仪仿古，就连祭田之名也有典可查。据载，客家地区俗称祭田为"蒸尝"亦有谓祖宗"血食"者。所谓"蒸尝"，本于古代中原冬秋二祭之名，冬祭名蒸，秋祭曰尝；所谓"血食"，因祭用牲牢得名，早在春秋时已有此词。

岁时节日。以"冬至"一节为例。客俗，以冬至为"冬年"，故庆贺冬至称作"贺冬年"；或以冬至为岁首，故过冬至，称作"增岁""添岁"。民间则有"冬至大如年"之谚。此俗，是客家人保持中原古礼的又一明证。周代建子，以十一月为正月，秦袭周制。这就是以冬至为"年"，过冬至视作新的一年开始的历史根据。

宗教信仰。重祖先崇拜，与儒家思想一脉相承。客家地区，祠堂林立，祭事繁多，祭典隆重。清梅州焦岭客家人黄钊《石窟一征·礼俗》卷四称："凡大小姓，莫不有祠。一村之中聚族而居，必有家庙，亦祠也。有吉凶之事，皆祭

告焉。所谓歌于斯哭于斯之寝也。"

文化教育。全国各客家地区，素来以教育发达、人文荟萃著称于世，故享有"文化之乡"的美誉。这是客家文化的最重要特征，也是继承和发扬了"礼义之邦"优良传统的明证。例如连城培田村在明清时期先后兴建了十余处书院和学堂，形成了极具地方特色的书院文化。

热爱故土，故国的价值观。客家人作为中原民族，历史受忠义、气节思想的熏陶。南迁时，又饱受国破家亡之恨，历尽种种难以言表的劫难。因此，世代相传，形成强烈的国家民族观念。在宋末元初，闽、粤、赣客家人追随民族英雄文天祥抗战，就曾演出惊天地、泣鬼神的一幕。

民歌。脍炙人口的客家山歌，情意缠绵，上承《诗经》中的《国风》余绪。近代著名诗人黄遵宪将二者相提并论。

语言。客家方言，保留了古代中原音韵，已是语言学界的定论。仅以"吃饭"一词为例。今白话称三餐饭为：吃早饭、吃午饭、吃晚饭。客家人则名曰：食朝、食昼、食夜。在客家话里，早为朝，中午为昼，晚为夜，吃为食。显然，两相比较，客家语可谓其源更古，其词更雅，且可从典籍中找到印证。例如"食朝"一词，源于春秋，《左传·成公二年》有"余姑剪灭此而朝食"之句。民国时期的国学大师章太炎就指客家话是千年前的中州音韵。

饮食。客家菜源于中原，有些菜肴带有中原烹调技法的影子，富有北方风味的菜肴特征，有些菜肴虽然在原料选择与运用上完全不同，但在制法上大致相同，讲求主料突出，造型古朴，以盐定味，以汤提鲜，力求酥烂香浓，以北方常见的煮、炖、熬、酿、焖等技法见长，乡土气息浓郁，颇有中原遗风。客家擂茶是汉族传统饮食文化之一，史料记载，宋代在中原地区已流行擂茶；客家人称"粄"，"粄"为古汉语，乃古代中原地区佐茶充饥之食，非客家独有，而是流行于南方的南迁族群中。酿豆腐源于北方的饺子，客家先民南迁后，因南方少产麦，过年时吃不上饺子，思乡的客家移民便想出一个办法，把做饺子的馅料填进豆腐，代替饺子，从中得到一点慰藉。在饮食礼节方面，客家人待客讲究"六碗八盆十样"，菜肴实惠量足，盛器多用盆、钵、大碗，有古民遗风，客家人尊老知礼，设宴依辈分排座次，席间礼规繁多，上座留空位于已故先祖，以示敬礼，席间小辈给长辈敬酒、敬菜等，客家饮食文化依然保持着中原文化的传统习俗和用餐礼仪，也算是对中原文化的传承与发展。

起名。在客家人的族谱中，常见到其祖辈的名讳，除了正名、字、号以外，一般都会取有郎名的现象，如千八郎、念一郎、小九郎、东郎、四七郎、五十二郎、仕八郎、俊三郎、荣八郎等不胜枚举。古代汉族传统家庭，常以某郎称其子，自隋唐以来，特别是宋代郎名在中原汉人中十分常见，当时普通人之间称呼并不用正名，而是用行辈称呼，以示尊重，最出名的莫过于宋代杨家将就有杨五郎、杨六郎、杨七郎等郎名，《水浒传》中武大郎、武二郎、拼命三郎等。但现在客家人已经很少给孩子取郎名了。

民俗闽西客家地区保留了较多中原地区民俗。犁春牛是古代中原地区传统的岁时风俗，随着客家人的南迁而在部分客家地区仍有所保留，至今已有多年历史，一般在每年的立春前后三天举行，主要是祈求新一年国泰民安，风调雨顺，五谷丰登，具有浓厚的传统民俗风情和乡土气息，借"迎春牛""鞭春牛""游春牛""犁春牛"的民俗活动，告诫农民冬闲已过去，农事就此开始，务必辛勤耕作，切不可耽误农时，每到这个时节，家家就开始张罗，户户贴红联，备烧炮，宰鸡鸭，换上新装，欢欢喜喜迎接春天的到来。客家游大龙，龙是中华民族的图腾，其中福建客家地区的连城县姑田镇的"游大龙"闻名遐迩，有"天下第一龙"之称，游龙是当地客家人的一项传统闹元宵民俗活动，有数百年历史，游龙时间为每年的正月十三到正月十五晚，意在祈求风调雨顺，国泰民安。客家采茶戏起源于品茶之风盛行的唐代，皇宫内眷之间更盛行一种品茶斗茶的风气，每逢采摘新茶的时节，宫廷中便会举行一些庆典、祭祀或茶艺活动，采茶戏便是这类活动中不可缺少的一项内容。客家走古事举行于农历正月十四、十五两天，是客家人闹元宵的盛大活动之一，以祈求国泰民安，风调雨顺，连城罗坊还保留着完好的元宵节民俗，而走古事这项大型民间祭祀活动，已经延续了数百年历史。

二、客家文化，深深刻上了南方少数民族文化的烙印

在经济生活中，客家人栽种的早稻，直接从瑶畲族人中传入。宋人王象之在叙及梅州畲禾时，就曾揭示其间的源流因袭关系："此本山客峯所种，今居民往往取其种而之。"此中所谓"山客峯"，即山居的瑶畲族人；"今居民"，则系指早期由闽入粤垦辟的客家人。客家人从事贸易交换活动的农村"墟市"，则从其名称至交换方式，均源于古代越人，故古人有越之市名曰"虚"（同墟）之说。

在劳动组合与分工中，存在"女作乃登于男"的现象。旧时，外地人讥客家妇女在田间劳作，男人则在家抱小孩嬉戏，虽言过其实，但并非纯属无稽之谈。清代著名客家文人黄钊就曾写道："村庄男子多逸，妇女则井臼、耕织、樵

采、畜牧、灌溉、纫缝、炊爨，无所不为，天下妇女之勤者莫此若也。"客家妇女肩负种种劳作重任，与传统汉俗不符，显系受南方少数民族习俗影响所致。唐代刘禹锡在《连州竹枝词》中描写瑶畲妇女的形象为"银钏金钗来负女，长刀短笠去烧畲"，黄钊将此与客家妇女相比较，认为"差堪仿佛矣"，是独具慧眼的。客家妇女从事田间地头劳动，少有缠足习俗，这与中原汉族妇女也是不同的。史载，畲族妇女"跣足而行"，她们"椎髻短裳，任田园诸务，采山负，逢跣往来，未免粗野，然而甘淡泊，服勤劳，其天性也"。可见，客家妇女勤劳美德和不缠足的习俗，是吸收畲民族文化而来的。

客家人的服饰、挽髻、打赤脚与"椎髻跣足"的越俗有关；无缠足陋习，是摒弃了中原古风而"从蛮俗"所致；所穿"百褶裙"，与南方民族的"桶裙"有相类处；某些客装（包括头帕），与畲族服装有采借关系。过去客家妇女穿的是侧开襟上衣，衣领、袖口、右襟沿及衫展四周，缀以花边，宽纹一寸，裤头阔大，裤裆较深，裤脚口亦缀以花边。着的是布鞋，鞋面由两片色布缝成，鞋端略向上翘，状似小船，上面用五彩绒绣了花。身上还系着围裙子，用银链子系结，裙子状如"凸"字，其上半部也绣有花卉或图案，如此等等。逢年过节或串亲走戚时脖子上挂着银项圈，手腕上戴着银镯子，打扮起来活像个畲族妇女。这种穿着与汉族传统服饰"束发冠带"不同，显然是受畲族影响。

在饮食习惯中，客家人也沾染了喜生吃、嗜"异味"的南方民族习俗。例如客家地区喜食"鱼生"。以生猛鲜鱼肉切成极薄片，醮以佐料而食，尤喜食"鱼生粥"，似受广府民系影响，究其源当是古代越人"啖生"遗风流存。

婚制中，虽说保持古风最浓，但仍有"蛮"风杂其间。"以槟榔为礼"的客俗，可溯源于宋代"蛮僚"；其时，岭南地区"索妇之人，未婚前先送槟榔一盘，女食尽则成亲"。

丧葬礼制中，有悖中原"祖训"者较婚俗为移。其突出之处如下四处：一是"粤东地区（包括梅州、惠州）人，在亲人死后，投钱于水，汲而归浴，然后敛回遗体。清代吴震方曾正确地指出：此俗本非客家人所有，而是"蛮风"传入的结果。二是丧葬奏乐。客家地区有吊丧用鼓乐之举，早在宋代，苏东坡就曾讥惠州人"钟鼓不分哀乐事"。至清代，客家方志作者也自觉脸上无光，斥为"失礼""不经"之举。因为根据儒家孝道，人死了只许哭哀，哪还能兴奏乐呢？此俗，确是来自非汉族的文化系统，即南方民族的"暖丧"制。据嘉靖《广东通志》卷六七载：瑶人，"丧葬则作乐歌唱，谓之暖丧"，可证。三是"二次葬"。此俗，在客家地区不仅广为流行，而且至今未断。倘据祖传的周礼来衡量，这是大逆不道之事。但客家人还是接受了周围少数民族的葬俗。据文献记载，早在先秦时期，在百越民族先民居住的楚之南"啖人国"有此俗。后世，与客家人共处的畲、壮诸族仍行此俗。四是火葬。按汉族传统"入土为安"的观念，与火葬俗是大相径庭的。但在早期，客家人刚在福建定居下来时，的确曾行火葬。民国《连城县志·礼俗》卷十七载：曩时所载风俗有"每用火化"。显然，客家人的火葬俗受与之共居的瑶、畲影响。

客家山歌，除上承《诗经》十五国风外，南方民族的《竹枝词》是其又一重要源头活水。其主要表现有二：一是被壮、瑶诸族奉为始造歌者、歌仙刘三姐的种种传说，在广东客家地区同样流行，只不过刘三姐摇身变为刘三妹而已；二是在表现形式、手法及内容上，与畲、瑶、壮歌有惊人的相似之处。

客家地名，以"畲"字或畲语名地者，可谓俯拾皆是。以"畲"作地名者，今梅县的"畲坑"镇是著名一例。以畲语命名者，有人做过粗略统计，仅广东平远县的乡村地名就达二十处之多。这除了证明客家地区曾是畲人居住和活动之域外，也是客、畲文化交流的一种表征。

可见，中原汉人在与原住民融合成客家人，培育出客家文化的过程中，既在内核上坚持了中原文化的传统，又对原住民文化进行吸收，形成独具魅力的文化，这也是其发展文化旅游的最大优势。

第三节 传播：亿万全球客家人共同的家园

元代以后，闽西的客家人大量外迁，他们给客居地带去了客家文化。客家人虽分布于世界各地，但经数百年，他们的语言还相通，习俗也多与原乡相近，这是缘于客家文化强大的凝聚力。

一、走向世界的客家人

现在，世界各地都有客家人，追根溯源，客家人都是从闽西地区迁移出去的。明清时期是客家外迁的重要时期。客家人外迁有五个原因：一是因生活所迫，为求新的生存空间。从元到清代，闽西人口改变了宋及以前的人口净流入趋势，迫于"人地矛盾"压力（据估算：闽西人均耕地由康熙年间 7113 平方米下降到道光年间仅约 580 平方米）和为追求更好的生活，出现了净流出，这一趋势在元代发端（"元代及明初，汀、赣人民大量移入梅州，清《嘉应州志》谓：来自汀者十之七八，来自赣者十之二。"），到晚清人口流出已形成潮流。大量的闽西人开始向省内闽北，国内的西南（朱德、刘光第、郭沫若等人祖上均约于清初入川）、江西（《闽西沧桑》第167页引用清初魏礼的话说，宁都6乡中，下三乡佃耕者均主要是来自宁化、上杭等地的闽西人。此外，邹韬奋的祖上也来自闽西四堡）、两广、港台地区和国外的东南亚流动。二是为避难而外迁。许多客家人逃离原籍地，到其他省份的一些穷乡僻壤避难。三是从军从政落居外地。例如台湾的客家人，他们的先祖有的是随郑成功收复台湾时迁移至此，有的是随乾隆年间武状元李威光剿海盗时留居台湾的。四是由官府组织外迁。例如四川的客家人，他们的先祖多数是清朝"湖广填四川"时而迁到四川落居的。五是从商外迁的。明清期间，一些客家人到一些地方从商，便在该地形成了经商群体。

在宋代，闽西地区的民众就已经沿着汀江、韩江，赴南海、台琼。至明代永乐年间，闽西人王景弘追随郑和率船队下西洋，开辟了南洋、印度洋航道，在中国海洋史上书写下光彩夺目的一笔。明成化年间（1465~1487年），汀州人谢文彬因贩盐入海，抵达暹罗并留居该国。谢文彬官至岳坤（学士），与当地通婚，说暹语，着暹衣，明成化十三年（1477年）时，他还曾作为暹罗使者向大明王朝朝贡。此事记在《殊域周咨录》和《明史·暹罗传》中，称暹罗国主遣使群谢提素英必、美亚二人来贡方物。此处所称使者美亚即谢文彬，返国后他与侄儿在南京相认，确认了身份。明弘治十年（1497年），清流人泰罗（又作赖罗、奈罗）以暹罗国通事的身份返国，他自称为福建清流县人，因渡海漂风到暹罗，后留居该国。泰罗"乞展墓"（请求返乡祭祖扫墓），获得朝廷许可之后得以返乡。谢文彬、泰罗二人，先以民众身份向外迁移，留居他国，后又以官方身份成为使者参与到朝贡贸易体系之中，对于两地文化的交流起到重要作用。

明末清初，闽西人沿汀江、韩江出海，尤以广东大埔、福建永定两县人为多，在闽西永定，又以金丰、丰田、太平等乡的渡海入番者为最多。沿着汀江至韩江的水运通道，下南洋者络绎不绝，他们纷纷从茶阳的汀江码头登船出发，主要目的地是台湾及南洋。清顺治年间（1644~1661年），在广东经营米业的明溪人陈启韬，出海遇风后流寓暹罗。陈启韬又名希韬，字于龙，明溪县洋坊人，生于顺治十八年。幼聪颖，善交际，年十六即往粤东贸易。初到粤东时，因语言有差，仅经营小本生意。启韬生性机敏，很快就学会粤语融入当地社会，并逐渐开始贩卖大宗货物，他知道暹罗米质优价廉，因此常与暹罗米商交接，学会暹罗语，也时常出海与暹罗国人洽谈贸易。一日，乘船遇巨风，漂至暹罗国。暹罗国中闻有中国人来境，咸来问讯，启韬以暹罗语与当地商民往来，又逐渐结交当地官绅，官绅相款纳事闻于国王，即传旨召见，目睹启韬状貌魁梧、言语风雅，便给予官职，后又将公主下嫁。启韬在暹罗任丞相，雍正年间时有珍物寄家。后国王崩，即进位该国国王，然此说无据，不足考。清雍正十二年（1734年），永定中川人、贡生胡焯猷东渡台湾，在台期间建设"明志书院"，成为"文开淡北"第一人。康熙十七年（1678年），永定人吴集庆前往马来西亚；雍正五年（1727年）游翘其南渡爪哇岛，胡映雪、胡永香南渡沙捞越、甲必丹等地，连城四堡的邹世忠、邹逊臣等前往爪哇巴城（今印度尼西亚雅加达）、暹罗（今泰国）等地。乾隆十年（1745年），约四十个闽粤客家人从茶阳码头登船，后在南渡出洋途中遇风，漂至槟榔屿。这批人以广东大埔人张理、丘兆进，福建永定人马福春为首，三人义结金兰，以张理为大哥，三人带领客家移民开启了华人拓垦槟榔屿的艰辛历程。1786年，英国人莱特船长抵达槟榔屿时，发现当地已有一定程度的开发，数百顷土地被开垦，人口近千人，华人约占总人口的四成。张、丘、马三人离世后，未能送回家乡，当地华人将三人安葬在海珠屿上，并盖庙崇祀，称为"海珠屿大伯公"，大哥张理被尊为"开山地主张公"。大伯公是南洋华侨先驱的象征，他们生前带领移民艰苦创业，死后由人成神，在南洋华人社区形成大伯公信仰，成为当地华人的保护神。19世纪以后，闽西和粤东地区往来于南洋者人数众多，闽西客家人成为海丝腹地移民中最重要的族群之一。他们或往来于原乡与新住地，或定居他乡，一些人成为著名的名商大贾，比如马来西亚"胡椒丁香大王"胡泰兴、"锡矿大王"胡子春、"万金油大王"胡文虎等就是其中的典型代表。

移民当中也有一批是以"劳工"身份前往南洋，如咸丰二年（1852年）的永安贫民陈来、蔡良仁等四人，又如光绪二十七年（1901年）以劳工身份前往马来西亚的大田人涂武路、涂文郁、涂孙旭、章余仲等数十人；19世纪末20世纪初，崇安（今武夷山）崇城镇人高金寿、高金才、章牵仔、章牵孙等人前往马来西亚槟榔屿挖金矿，其子、孙分别在槟城从教、经商和从医，并加入马来西亚国籍或迁居加拿大。

20世纪后，海丝腹地的移民持续以各种形式出海。1906年，清流人裴雨樵赴新加坡。大田县济阳、湖美、屏山等地有人到新加坡、马六甲、吉隆坡等地谋生。邵武和平人黄锡田前往马来西亚谋生。1912年，建瓯芝城镇人邓荔生，经香港转赴新加坡定居，在新加坡创建汇源印刷厂。1913年，南平巨口人赖吓厚前往马来西亚谋生。1924年，建阳潭城镇人涂南生赴马来西亚从商，后加入马来西亚国籍。

知识青年出国留学也成为这一时期的新现象。1904年，宁化人刘春海前往日本留学，后参加过孙中山的同盟会。1906年，永安人刘佐成、李宝焌公派留学日本，后来参与我国最早的飞机研制。民国年间，公费出洋留学的还有永安人赖维勋，其曾留学法国，同样前往法国的还有宁化人童质亮、曹志骞、伊为侧、徐泰咸等人。此外，永安、宁化等地也有青年赴日本、法国、德国等国留学，将乐、尤溪、大田等地有一批青年获公派或自费前往北美留学；1913年，邵武东关人张国辉，先后考入美国哥伦比亚大学和芝加哥大学法学院，成为法学博士，1920年留美任教，后辗转到马来西亚、新加坡。1947年，建瓯人魏德馨获公派赴英国剑桥大学留学，后留校任教，升任教授。

1939年统计数据显示，闽西的华侨主要集中在永定（今龙岩市永定区）和龙岩（今龙岩市新罗区），其中永定华侨占当时闽西华侨数量的六成以上。永定移民分为南洋华侨移民和因经营烟草的移民两类，前者主要来自永定南部的下洋等乡，后者主要来自永定金丰溪流域的古竹、下洋、岐岭、大溪、湖坑等地的乡村，如胡文虎家族的故乡永定下洋镇中川村，九成以上人家有华侨亲属。龙岩的东肖（白土）、西陂、龙门、东肖溪兜村等乡镇华侨众多。此外，上杭的稔田、蛟洋，长汀的河田、童坊，连城的四堡、漳平永福、武平岩前等在各自县域内都是华侨相对集中的乡镇。民国期间，移民出国前大多数为农民和待业学生，部分受过一定程度的文化教育。

在客家人大量移民南洋过程中，"水客"成为联结家乡与南洋华侨的纽带。侨乡的茶叶、烟丝、梅菜等土特产，也随之如涓涓细流一般流向海外，南洋的药材和钟表等也反向流回侨乡，形成了细密而丰富的贸易网络。此外，他们承担着信使的职能，是海外游子与家乡亲人之间情感传递的纽带，而他们从南洋带回的"侨批"成为家乡亲人重要的经济来源。

二、客家人海内外分布地区

（一）中国国内客家人口分布情况

1. 内地客家人口分布

广东省：有客家人居住的纯客住县市15个：梅县、兴宁、大埔、五华、蕉岭、平远、连平、和平、龙川、紫金、新丰、始兴、仁化、翁源、英德；非纯客县59个：超关、南雄、曲江、乐昌、乳源、连南、连县、连山、阳山、宝安、惠阳、河源、东莞、花县、清远、佛冈、丛化、惠东、揭西、陆河、海丰、陆丰、饶平、潮州、揭阳、丰顺、潮阳、惠来、普宁、珠海、斗门、龙门、深圳、南海、增城、博罗、广州、中山、新会、广宁、三水、高要、云浮、封开、高明、新兴、鹤山、开平、台山、郁南、罗定、德庆、阳春、阳西、阳江、遂溪、海康、徐闻、电白。总人口2100万人。

江西省：有客家人居住的纯客住县市18个：宁都、石城、安远、兴国、瑞金、会昌、赣县、于都、铜鼓、寻乌、定南、龙南、全南、信丰、南康、大余、上犹、崇义；非纯客住县有20个：广昌、永丰、吉安、吉水、莲花、泰和、万安、遂川、井冈山、宁冈、永新、万载、萍乡、宜丰、奉新、靖安、高安、修水、横峰、武宁。总人口1250万人。

福建省：有客家人居住的纯客住县8个：永定、上杭、长汀、连城、武平、宁化、清流、明溪；非纯客住县16个：诏安、平和、南靖、云霄、沙县、永安、顺昌、泰宁、将乐、邵武、浦城、建瓯、建阳、福鼎、福安、福州。总人口约500万人。

广西壮族自治区：没有纯客住县，非纯客住县75个，占全区县市总数的90.5%：邕宁、武鸣、宾阳、上林、马山、横县、隆安、大新、扶绥、崇左、宁明、龙州、凭祥、合浦、钦州、防城、溥北、灵山、上思、玉林、北流、容县、陆川、博白、贵港、桂平、平南、柳州、柳江、柳城、武宣、象州、来宾、合山、忻城、金秀、鹿寨、融水、融安、三江、苍梧、藤县、岑溪、贺县、钟山、富川、昭平、临桂、阳朔、平乐、恭城、荔浦、永福、灵川、龙胜、河池、宜山、罗城、环江、南丹、都安、大化、东兰、凤山、巴马、百色、田阳、田东、平果、靖西、那坡、凌云、田林、隆林、西林。总人口约有460万人。

四川省：无纯客住县，非纯客住县市有35个：成都（市郊）、新都、涪陵、金堂、广汉、什邡、彭县、温江、双流、新津、简阳、仁寿、乐至、安岳、威远、内江、荣昌、隆昌、资中、宜宾、合江、沪县、仪陇、巴县、通江、广安、西昌、木台、德阳、绵竹、梓潼、会理、化阳、新敏、灌县。总人口约380万人。

湖南省：非纯客住县有12个：汝城、郴州、桂东、酃县、茶陵、攸县、浏阳、平江、江永、新田、江华、隆回。总人口约200万人。

浙江省：非纯客住县有25个：云和、松阳、青田、丽水（莲都）、宣平（现为莲都、松阳和武义所分辖）、龙泉、遂昌、景宁、缙云、泰顺、苍南、汤溪（金华）、江山、衢州、龙游、常山、开化、建德、淳安、长兴、于潜（临安）、新城、分水（桐庐）、昌化（杭州）、玉环。总人口100万人以上。

海南省：非纯客住县有2个：红安县、麻城县，总人口约15万人。

贵州省：非纯客住县有榕江县。总人口约10万人。

云南省：客家人约2万人。

江苏省：客家人约2万人。

安徽省：客家人约2万人。

陕西省：客家人约0.5万人。

新疆维吾尔自治区：客家人约0.3万人。

其他：客家人约300万人。

2.台、港、澳地区客家人分布

台湾省：非纯客住县有17个县市：桃园县、新竹县、苗栗县、屏东县、彰化县、高雄市、花莲县、台中县、台中市、台北县、台南县、台北市、南投县、云林县、嘉义县、台东县、宜兰县，总人口460万人。

香港特区：客家总人口约125万人。

澳门特区：客家总人口约10万人。

以上统计，中国境内纯客住县41个，非纯客住县239个，纯客住县非纯客县合计280个。

（二）海外客家人分布情况

1.亚洲

旅居亚洲的客家人共约380万人，分布在21个国家和地区。其中印度尼西亚约为150万人，其主要居住地为爪哇、苏门答腊、婆罗洲、苏拉威西、摩鹿加群岛；马来西亚125万人，居住在马来西亚各州，尤以马六甲、槟榔屿、霹雳、吉打、柔佛、雪兰莪、沙巴、沙捞越为多；泰国55万人，主要居住在曼谷、清迈、北揽坡、万仑、普吉、合艾等城市；新加坡20万人；缅甸约10余万人，主要居住在仰光、曼德勒、土瓦及墨尔阶等地；越南约15万人，以胡志明市和堤岸为多；菲律宾约6800人，多集中在马尼拉；印度约2.5万人；日本约1.2万人，集中在东京和大阪。

2.大洋洲

旅居大洋洲的客家人约6万人，分布在多个地区。其中澳大利亚4.3万人，主要居住在墨尔本、悉尼、新威尔士、维多利亚、南澳大利亚州、珀斯；另外，在塔希堤岛、斐济、新西兰、所罗门、马绍尔群岛、巴布亚新几内亚、瑞鲁、西萨摩亚也有客家人聚居。

3. 美洲

旅居美洲的客家人约46万人，分布在18个国家和地区。其中美国约28.4万人，主要居住在檀香山、旧金山、纽约等地；加拿大约8.1万人；中南美洲的秘鲁与牙买加是客家人较集中分布、人口也较多的国家，分别有15万人和10万人。在古巴、圭亚那、特立尼达和多巴哥、苏里南、巴拿马、巴西也有较多的客家人。此外，阿根廷、厄瓜多尔、委内瑞拉、墨西哥、哥伦比亚、智利、多米尼加、玻利维亚也有少数客家人居住。

4. 欧洲

旅居欧洲的客家人约有20万人，分布在16个国家和地区。其中英国最多，约有15万人，法国约有3万人，荷兰、比利时、卢森堡也有数千人至上万客家人。

5. 非洲

旅居非洲的客家人约8万人，分布在12个国家和地区。其中毛里求斯较多，约3.5万人，留尼汪约1.8万人，南非约2.5万人。

三、客家文化的海外传播

客家人是传播中华文化的旗手。客家文化是中华优秀传统文化的重要组成部分。它是中华文化土壤中生长出的具有鲜明族群特色的地方文化。客家文化在中国孕育成形，又随着客家人的海外迁移而传播到全世界。

（一）客家人传播中华文化的主要途径是办学与教育

南洋各国是客家人侨居的主要地区，也是客家人传播中华文化的主要场地。下南洋是客家族群的集体历史记忆，在迁徙的艰难岁月中，在异国他乡筚路蓝缕的拓垦中，客家人也将中华文化的种子播撒到南洋，使其在南洋生根发芽、开花结果。

崇文重教、耕读传家是客家人崇尚的价值，客家人对教育极为重视，即使生活艰难，也愿意为子弟的教育倾注巨大心力与财力。早期客家移民多数是知识水平较低的农民，他们在侨居国白手起家，历经艰辛，更体会到教育的重要性。在侨居国获得成功之后，很多客家名商巨贾都积极地在祖籍地和侨居地兴教办学。例如在印度尼西亚，1901年，以客籍侨领为首的印尼巴达维亚中华会馆创立了近代印度尼西亚第一所新式华校：中华学堂。到1949年，印尼已有724所华校，17万余名学生。例如客籍侨领胡文虎，在其祖籍地永定县创办学校数所，其一生在南洋各地创办和赞助的各级各类学校有400余所。教育极大提高了华侨子弟的知识水平和能力，使新一代华侨子弟具有更强的竞争力，能够在当地社会中获得更好的工作，或者协助家族事业。同时，客家人在侨居国兴办的学校，以中华传统文化作为重要内容使中华文化的价值观念和人生准则在华侨子弟的心中扎根，增强他们对祖籍国的文化认同和自我身份认同，在这种教育环境中成长起来的新一代华侨子弟，"在中华文化的传播中扮演了更加重要且正面的角色"。

（二）客家人传播中华文化的重要途径是中文报纸和杂志

近代以来，移居南洋的客家人从事新闻业颇有所成。客家在南洋创办或主编华文报纸、杂志，登载祖籍地和侨居地的资讯，推动了当地华侨社会的团结和发展。例如旅居泰国的客籍华侨张综灵、吴继岳，主办《新中原报》，并编辑出版多部专著，推动了中华文化在泰国的传播。又如"报业巨子"、闽西客家籍华侨胡文虎，他创办的星系报业在南洋各国影响巨大。胡文虎认为，办报的目的有三：补救精神文明缺陷，增进社会教育职能；实现华侨华人的精神团结与意见统一；形成舆论力量、督促当局的实业计划与建设。在三个目标中，他将文化列于首位，他认为当时的新加坡在物质文明上已有发展，但是精神文明存在很多缺陷，与物质文明的进步并不匹配。因此，"应增进社会教育的职能。如对于宗法社会之陋习，封建时代的思想，应根本改革。而于现代的文化、政治、经济、教育、美术，更应沟通传播。"可见，胡文虎认为文化应该全面性地革旧立新，建设现代社会需要全面发展文化，而新闻报业可以成为文化传播的基地。因此，胡文虎的星系报业始终坚持正确的传播导向，使之成为南洋华侨华人传播中华优秀传统文化的阵地，这一做法也增进了华侨、华人的国族认同和爱国热情，尤其在抗战期间促进了南洋各界空前的抗日团结。

（三）客家人传播中华文化的生活方式和审美艺术

客家人在侨居地生活、定居、形成社群，首先带去的是语言和文字。印度尼西亚和马来西亚及菲律宾的部分地区，其语言很早就受到闽南语的影响。越南语中也有广东话和福建话的成分。同样，客家人也将客家话带往南洋，客家话词汇大量融入各国语言文化中。海外客家人在长期发展中也保持着客家方言，尤其在南洋，客家群体事实上既非单纯的地缘群体，更非血缘群体，而是方言群体。客家人建立大量客家会馆与客属社团，以团结客家，加强客家族群内部联系。在家庭、客属团体中，老一代华侨坚持使用客家话，在家庭中也积极教育后代使用客家话。近年来，年青一代客家华侨对客家语言认同意识较为薄弱，客家方言面临衰退危险，客家话传承出现困境。幸而海外客家人士已经注意这一现象，正积极通过跨区域的客属大会（如世界客属恳亲大会）、回乡寻亲祭祖、修建宗祠等方式，重建青年客家华人华侨与祖籍国的文化联系。

客家人出海之后，也带去了饮食文化。客家人在独特的历史、人文、地理环境中创造出了与中华饮食文化一脉相承又独具特色的客家饮食文化，客家人的饮食文化在南洋各国有一定的声誉。"盐焗鸡""酿豆腐""梅菜扣肉"等客家名菜出现在当地大街小巷的餐厅里，丰富了侨居国的饮食文化。同时也提高了当地社会对客家历史文化和客家人精神世界的认识。

客家人传播了中国传统文学和戏曲艺术。客家人很早就将小说、诗词等中国传统文学作品带入了南洋地区，其中一部分是客家人直接带去的，更多的是经由客家后裔的翻译介绍。提线木偶、闽西汉剧等艺术形式，也通过客家人的传播在当地扎根。

客家人坚守着传统的民俗文化和风俗习惯。在侨居国，客家华侨华人保留着传统的风俗习惯，不论是在拜神祭祖、人生礼仪、节庆期会等活动中，还是在日常生活中招待宾客、家庭聚会等场合中，都有意识地保留着中华文化的传统。需要指出的是，随着海外华侨、华人数量的持续增加、东南亚各国华人归化政策的变化，20世纪后期，东南亚各国华人已将所在国视为祖国。例如在印尼，印尼政府相机发布政令，简化华侨入籍手续，缩短归化的时间期限，加速了印尼华侨的归化。泰国的华侨入籍政策较为宽松，因此归化的华侨人数众多。归化后的华侨在政治、经济上认同所在国，主动融入当地民族经济，在文化上则与祖籍国日趋疏离，如何继承和发扬华人华侨的文化传统，维系华人华侨与祖籍国的文化联系，是目前亟须直面的问题。

第二章 文旅交融：闽西客家文化的创造性转化与创新性发展

　　由于相对封闭和聚居的原因，客家优秀传统文化得到了较好的传承和发展。但是，随着社会环境的变化和人们思维方式的改变，加上市场经济和技术等外部因素的冲击，以及自身传承模式不能很好地适应自身发展需求等原因，一些少数民族优秀传统文化已经陷入无人欣赏、后继无人的窘境，面临着可能消亡的局面。但随着社会的发展，文化自觉意识不断增强，尤其是国家文化强国战略实施后，虽然现代化为客家地区物质和精神生活带来很多变化，但社会的进步也会使他们在抛弃一些传统文化的同时，更加珍视自己传统文化中优秀的东西。特别是当文化与旅游融合能带来切实的经济利益时，他们就更加有意识保护和传承其传统文化，通过积极开拓文化旅游项目，建设非遗特色乡镇和村屯，把民间传统手艺技艺、民俗活动、美食、民间音乐舞蹈、传统体育竞技等进行整体包装和集聚，研制符合消费者需求的产品，加大宣传和营销力度，以客家的独特风情和文化底蕴拓宽旅游文化内涵，依托旅游市场，以旅游带动传统文化产业发展，使民族文化优势成为经济社会发展的新增长点，提高知名度，使客家文化既保持自身的独特性，又以现代技术手段、现代审美理念推进文化的创新性发展和创造性转化，带动地方经济社会发展。

第一节　闽西客家文化与旅游融合发展的必要性

　　文化产业与旅游产业都是为人们提供精神服务的，两者具有天然的耦合性，二者深度融合有利于解决文化事业内生动力不足的问题。文化是旅游的灵魂，旅游是文化的载体；文化提升旅游内涵，旅游实现文化价值。旅游是文化消费的重要形式、文化传承的重要渠道、文化形象的重要载体和文化繁荣的重要支撑。文化与旅游相结合，既能利用旅游壮大文化产业，也能强化旅游中的文化体验和产业属性。在融合发展中达到互促共赢，产生叠加放大效应，是一个既有经济效益又有社会效益的过程，是一个优势互补、相得益彰、互惠共赢的过程。对于闽西客家地区来说，文化与旅游融合发展的必要性具体体现在以下九个方面。

一、有助于解决文化事业发展的可持续性问题

近代以来，闽西战乱频发，传统文化被破坏严重。改革开放以来，闽西传统的造纸、印刷、雕刻、建筑、音乐等非物质文化遗产传承缺失，甚至许多剧团、报纸、电台、报刊维持都出现了困难。古建筑、古村落保护也面临困境，以笔者调查的武平县中山镇和连城培田村为例，武平县中山镇决定对中山镇进行整体保护，但由于村民财力有限，从保护中村民不能看到获益前景，推倒旧屋建新楼的情况大量存在。2010年前后，中国人民大学乡村建设中心曾多次在连城培田村举办乡村文化保护研讨会，但在研讨会上常出现一些奇怪的现象，即一边是学者讲座，一边是部分村民反对保护的声音，村民们认为，一旦保护了，村民在村中建新屋，甚至养殖都要受到约束，最终会损害他们的利益。这两个案例均表明，仅依靠政府投入，依据市场规律，实施文旅结合，村民不能有持续的获益渠道，文化保护难以持续。

二、有助于解决增强以文化为纽带推进祖国统一和国内外文化交流问题

客家文化源远流长，亦被誉为"中原古文化的活化石"，为华夏历经岁月之瑰宝。世界的客家人根脉相连，客家人始终传承爱国爱乡的传统，以客家文化为内容加强旅游业建设，有助于提供更好的条件、更适宜的方式吸引海内外客家人和其他人群尤其是年青一代在旅游中感受文化独特魅力，增强文化认同感，从而促进海内外文化与经贸合作。

三、有助于推进乡村文化发展

连城培田村文化积淀深厚，但长期以来，丰富的文化并没有给这个地方带来经济收益，年青一代大量外出，书院历史悠久的培田村居然连一所学校也几乎维持不下去，培田小学曾只剩 4 名学生；大力发展旅游之后，培田很快恢复成年级齐备的小学校，还有利用其丰富的文化积累和书院传统，办起了社区大学，接受周边乃至省外各地的学员到此学习，使培田客家文化广为传播。

四、有助于推进旅游的可持续发展

旅游是一种生活形式，也是一种文化现象。早期的旅游业发展多强调自然生态之美，而忽略其中的文化内容和游客的体验，导致旅游无特色。以龙岩市为例，2009 年全市仅有游客 132.87 万人次，基本为公务、商务游，少量的纯游客也多为一日游，过夜游少，旅游收入少，旅游业对区域发展贡献小，政府和企业不愿投入，发展面临困境。

五、有助于突出文化特色，增强旅游功能

传统文化所关注的人与自然、人与人、人与自我的和谐关系，所追求的真善美的人生境界，对于国家认同与统一、社会稳定、培养时代新人、激发社会创新等具有不可替代的价值。而旅游则是通过合适的方式整理文化、改造文化、发展文化，使文化的特色得以彰显，价值得以更好地发挥，特质能更便利地被感受。长期以来，客家在民众眼中只是一种文化符合或特定人群组合，不能充分展现其功能；而旅游因缺乏文化内容，不能给游客带来更好的体验。二者结合可以互补短板、互增优势。

六、拉长旅游产业链，提升附加值

永定土楼最初被称为"神奇的东方土堡"，人们为其建筑精美所吸引，但可游的内容形式单一，最初只能吸引周边市民和一些研究者。在发展为专门旅游景区以后，永定土楼景区加大文化梳理，充实旅游内容，推出土楼客家美食、土楼酒店、土楼纪念品、客家艺术表演、土楼马拉松、土楼游学、土楼家训与民俗展示、土楼温泉等产品，集食、宿、住、购、娱于一体，在体育休闲、健康养老、游学等方面增强了对游客的吸引力。

七、提升旅游服务质量，打造旅游品牌

文化旅游以文化为内容，文化在其中充分发挥以文化人功能。在景区中，不仅居民自觉讲文明，游客在此更注重自身良好素质展示，有助于提升旅游形象。

八、有助于建设美丽家园，提升经济的美丽化程度

闽西客家文化形式多样、内容丰富，但经济相对落后，受先行地区示范，龙岩、三明两地政府大力倡导发展旅游业，现在发展全域旅游已成为社会共识。受此影响，客家地区大力开展古村落、古建筑保护和基础设施改善工作，试图

通过发展旅游业来改变乡村的封闭落后状态。从近来的发展实践看，闽西乡村居民收入迅速增加，旅游业带动其他产业发展显著，美丽乡村建设取得积极成效。

九、有助于吸引人才留住年轻人

人口尤其是年轻人口大量外流对区域发展的损害是巨大的，以龙岩为例，其常住人口比户籍少了60万人，下辖的所有区县中，仅中心城市新罗区人员是净增加的，其他区县人员是净流出的。文化与旅游业相融合，给当地百姓提供了增加收入的机会，人口流失的速度有所减缓，年青一代也发现了创业的机会。以培田村为例，不仅为大量本村的年轻人在此办起民宿、餐馆，还吸引了一批外地年轻创业者长居于此从事文创产业，每年还有大量海内外学生来此游学。

第二节　闽西客家文化旅游资源分类

一、民俗文化

风俗是一个民族在生产、服饰、饮食、居住、婚姻、丧葬、节庆、娱乐、礼仪、信仰等物质生活和文化生活方面广泛流行的、经常重复的行为方式。有代表性的客家风俗有连城姑田游大龙、罗坊走古事、培田春耕节、宁化七仙傩游、畲族官刀舞等，永定土楼民俗文化村是国家5A级旅游景区、全国重点文物保护单位。

二、客家艺术

客家艺术是客家人在长期的生产生活中形成的形式多样、具有鲜明地方特色的艺术，是客家文化的精华，生产生活内容的升华和情感的凝聚。主要包括客家服饰、客家山歌、闽西汉剧、民间绘画、十番音乐、采茶灯舞蹈等。

三、客家饮食文化

客家饮食文化是中原汉人迁徙南方定居下来后，根据南方的气候条件和当地人民的生产生活的习惯，将原有的风俗习惯与南方当地人民的风俗习惯相结合而创造出一种新的饮食文化。饮食是一种文化形成的物质基础，饮食文化的形成与其所处的自然环境、社会结构、宗教信仰等有密切关系。主要包括客家菜、客家小吃、客家酒（客家酿酒）、客家擂茶、客家特产（闽西八大干）等。例如龙岩市有长汀泡猪腰、珍珠丸、豆腐干、连城地瓜干、九门头、金包银、灯盏糕、武平簸箕板、猪胆干、酿豆腐、上杭萝卜干、鱼白、牛肉兜汤、永定菜干、牛肉丸、泡鸭爪。三明市有蛋饺、喇包子、明溪肉脯干、客秋包，永安笋干、粿条。

四、客家建筑文化

客家人多居住于山区或丘陵地带，故有"逢山必有客，无客不住山"之说，为防外敌及野兽侵扰，多数客家人聚族而居，形成了围龙屋、走马楼、五凤楼、土围楼、四角楼等，其中以围龙屋、土楼存世最多且最为著名，是客家建筑文化的集中体现。例如永定土楼、连城的九厅十八井、李氏大宗祠、宁化县石壁古民居、泉上镇延祥村古建筑群、清流县赖坊古民居、建宁县溪源乡上坪村古民居、尤溪县梅仙镇经通村古民居、玉井坊郑氏大厝、永安安贞堡、泰宁尚书第，衍生的还有张坊廊桥、贡川会清桥、百年屋桥温孙桥等。也包括一些客家古城、古镇、古村所体现的建筑格局，如连城培田村、武平中山镇、泰宁古城、宁化石壁镇、清流县赖坊乡赖坊村、泰宁县新桥乡大源村、三元区岩前镇忠山村（十八寨）、尤溪县洋中镇桂峰村等。

五、客家手工艺文化

传统工艺，是指具有历史传承、民族或地域特色、与日常生活联系紧密、主要使用手工劳动制作工艺及相关产品。与农耕文明相适应的闽西客家传统手工艺，是人们工作生活中不可或缺的组成部分。闽西客家传统手工艺历史悠久，种类繁多，它是千百年来闽西客家人思想智慧和实践的结晶，有十分丰富的文化积淀，是闽西客家非物质文化遗产的重要组成部分，深深地融入闽西客家人生活的方方面面。闽西客家传统手工艺包括从平时生活中常用的竹藤编制品、锡制品、皮枕、油纸伞、裁缝、服装鞋帽等日用品，到木工、泥水工、打铁、弹棉花、理发、阉鸡等传统手艺，再到连史纸、雕版印刷、活字印刷等。

六、客家武术

南迁的客家人，经历了历代频繁的战乱，辗转千里之后聚居于赣南、粤东、闽西地带，开基创业。在躲避战乱逃亡到南方的过程中，为了更好地生存，客家人开始习武，这不仅能保护自身安全，还能强身健体。著名的叶剑英元帅幼年时期曾在梅县祖屋跟随其父习练武艺，其父叶钻祥为清代后期的武秀才。客家各族，演武成风，繁复多变，流派纷繁，如"洪、刘、蔡、李、莫"五大拳派，罗家枪、杨家枪、昆仑拳、刁家教、连城拳、朱家教等，也包括武术竞争的变种如舞大龙、舞狮等。崇文尚武乃是客家人传统基因。

七、寻根文化

客家人在辗转迁移的漫长过程中，始终心系河洛故土，不忘祖先，形成了姓氏郡望文化、祖先供奉文化等。客家民系发源形成于闽西，在千年历史中，客家人从闽西走向海内外，人有本，水有源，人类有祖先，越是远离故乡，越是心怀故土，由此形成的这种文化的向心性，成为海内外客家人寻根问祖最强大的精神动力，正是这种动力激发了港、澳、台同胞向世界各地客家人思亲怀祖、寻根探源的情怀，形成族谱文化、宗祠文化等。代表性有宁化石壁客家公祠，宁化县石壁镇是客家祖地，80%以上客家人同宁化及石壁有血缘关系，石壁镇每年举办世界客属石壁祖地祭祖大典；汀江是客家母亲河，长汀县每年举办世界客属公祭客家母亲河活动；上杭客家族谱馆收藏闽、粤、赣客家地区客家族谱及相关文书契约、祖图等珍贵资料，共有117个姓氏、1600多部、1万余册，成为大陆公共图书馆收藏客家族谱之最；此外，还有李氏大宗祠、邱氏大宗祠、杨氏大宗祠、各古村中的务本堂等宗祠文化景区。

八、客家文学

诗书传家的客家人尤其重视文教，《嘉应州志》中记载："士喜读书，多舌耕，虽穷困至老，不肯辍业。"客家文学是中国文化中极富特色的重要分支，它又是客家文化中不可缺少的组成部分，最初，流传在山间地头、村头巷尾的客家山歌、谚语、故事等，为闽西客家人表达情感、认识世界、丰富文化生活提供了很好的素材。但是，随着客家人在闽西站稳脚跟、逐步发展，口耳相传的口头文学已经无法满足客家人的文化生活需求，客家文学开始从民间走向书斋、走向文学殿堂。宋元之后，越来越多的客家学子提笔创作，至明末清初再到清中叶，渐成一个高峰，出现了一批在文学史上具有一定影响力的人物和作品。比如连城童能灵的《冠豸山堂集》、上杭刘坊的《天潮阁集》、华岩的《离垢集》、长汀黎士宏的《托素斋文集》等，在当时都有较大影响，不少作品迄今仍在民间流传。据统计，从北宋至清末，客家人至少出现过76位较知名的诗人，如清代的李世熊、刘坊、黎士宏等，都是有杰出成就的作家或诗人。客家文人，大多古文根底深厚，对中国传统文化有较深的了解，加上多数生活在民间，不自觉地采用客家人的思维方式、语言习惯撰写诗文，尤其是一些有识之士，有意识地挖掘客家文化的宝藏，注重从客家人的口语中汲取养分，以客家人的思维方式、语言方式行文、吟诗，其作品明显具备闽西客家文学的特质。文学作品往往与书院、名人紧密相连，代表性的有冠豸山、武平、培田等地的书院文化，丘逢甲及丘氏宗祠文化等。

九、对外交流的文化

闽粤两省海上丝绸之路的腹地，对外交流比较频繁，留下许多独具价值的文化旅游资源。

妈祖庙：南宋理宗绍定年间（公元1228~1233年），宋慈出任长汀县令，为节省盐运成本，决定利用水系发达的汀江、韩江开辟新航道，直接从广东潮州运盐。从此，沿线盐运官吏和船工便奉妈祖为水上保护神，建庙祭祀。如今，在闽西各县（市、区）均建有妈祖宫庙，约计有288座。

永定虎豹别墅：著名爱国商人胡文虎出资建造的虎豹别墅世界上共有三栋，均在亚洲。第一座位于中国香港，第二座位于新加坡，第三座位于福建省永定县。永定的"虎豹别墅"是以红砖、木材及混凝土打造的方形房舍，前方两层、后方三层，周边为枫树丛林。1991年3月11日，被福建省人民政府列为第三批省级文物保护单位。

第三节 闽西客家文化与旅游融合发展的模式与路径

文化与旅游融合是通过资源、产品、市场的全面对接，实现共用、共建、共享、共创。也就是要强化一体化发展理念，从深度和广度上促进相融合，将文化内涵贯穿吃、住、行、游、购、娱各环节，用独特的文化品格和文化魅力诠释旅游，使旅游更具吸引力；又要将旅游产业作为挖掘文化、优化文化、丰富文化和保护文化的重要途径，以旅游独特的宣传方式，更好地传播特色文化，借助旅游市场提升文化软实力。

一、融合发展的模式

（一）渗透式

两大产业的互相渗透，在环境、资源、信息、客源等方面进行共享，将一个产业的某个环节、部分融入另一产业中。

例如有电影将土楼客家文化融入其中，观众观影后评价："中国福建的土楼有一种梦一样的神秘感，像是来自世外桃源。"该电影的播出提高了土楼知名度，使其更具吸引力。这是旅游景点融入文化产品的范例。

（二）重组式：对两大产业的要素、价值链进行重组，创造新的业态

例如龙岩市首届森林休闲旅游文化节暨第四届冠豸山露营季暨"生态星光·富硒梅斛"休闲旅游文化节，除了杨梅采摘、亲子喂鹿、打糍粑、做客家米桃、客家美食、千人围宴、古道穿越等活动外，还陆续开展趣味骑行比赛、水上闯关游戏、篝火晚会、户外露营等活动。

又如龙岩美食文化节，除一展闽西美食文化风采之外，还展出独具特色的千福（壶）簸箕宴，同时进行歌舞民俗表演，力求打造一场尽显闽西客家风情的美食盛宴，并成为展现龙岩文化风采的一个重要窗口。

（三）延伸式：通过价值、产业链延伸实现融合，赋予原有的文化、旅游元素以新功能

例如永定县依托世界文化遗产客家土楼，打造"福建土楼永定客家文化旅游创意产业园"，规划建设三大走廊。南部"生态新城·养生福地"旅游黄金走廊以县城为中心，重点发展以客家博览园为中心的文化娱乐产业；东部"文化传承·原乡寻踪"世界遗产走廊以客家文化为载体，重点发展以福建土楼风情街为中心的文化旅游、休闲娱乐产业；北部"科技引领·魅力新区"工业旅游走廊，构建以工业生态观光与客家民俗文化相结合的文化旅游产业等。

又如培田春耕节。培田春耕祭神农这一习俗，已经在培田延续了400多年。听村里乡贤说以前每逢春耕之时，为了祈求风调雨顺、五谷丰登，村里人都会抬"神农"巡游。从2011年始，为了唤醒渐失之农耕记忆，不忘祖宗耕种之苦、粮食来之不易，举行了第一届春耕节。这是旅游延伸到民俗的具体表现。类似的还有长汀千壶宴（原称百壶宴），千壶宴流传于长汀县的农村大部分地区，始于康熙年间的濯田镇升平、美溪村，迄今已有300余年历史，如今参加千壶宴已成为吸引游客的一个重要内容。

此外，以文化再创作增添旅游内容。《土楼神韵》包括"筚路蓝缕""硕斧开天""客家灵秀"和"四海流芳"4个篇章，以福建（永定）土楼风貌为背景，通过轻歌曼舞、情景再现等多种艺术手法，再现唐宋时期中原汉民大规模南迁的艰辛历程，展现客家先民扎根闽西山区建造土楼、艰苦创业的如歌岁月和精神风貌。

二、融合发展路径

（一）促进跨区域文化旅游资源融合发展

按照发展全域旅游的总体要求，跨区域推进文化产业、文化遗产资源与旅游资源融合发展，实现文化旅游资源相互依托、相互补充、相互促进。同时加强与江西省和福建省沿海地区的旅游资源共享、共通。

（1）在文化产业方面，创作一批国内外影响广泛、题材丰富、风格流派多样的影视作品、舞台艺术精品力作、大型旅游实景演出和民间艺术小品等文化作品，推动文化创意产品开发、数字文化产业与旅游相融合。

（2）在文化遗产资源方面，在保护好历史文化名城名镇名村、历史街区以及历史建筑、传统村落等物质遗产载体，努力改善优秀传统文化的传承条件，推进客家文化生态环境保护可持续发展平衡的基础上，结合旅游线路建设，依托各级重点文物保护单位、古民居建筑群和各类遗址等发展文化旅游，建设非遗博物馆、非遗生态保护区，并开展非遗舞台化表演、非遗旅游节庆活动等活动，开发体现非遗文化特色性、体验性、参与性、趣味性的多元化旅游产品。

（二）加强文化旅游融合发展载体建设

结合龙岩七大旅游区建设，推进特色文化旅游精品路线、特色文化旅游景区等重点文化旅游载体建设，增强文化旅游核心竞争力。

（1）在特色文化旅游精品路线方面，创新区域文化旅游路径和组织方式，以文化为纽带，以风景道串联景区、景点和资源，打造跨国、跨区域、跨市和跨县四级精品文化旅游路线，实现以点串线、以线串面、点线面结合全面推进跨区域文化旅游资源融合发展。

（2）在特色文化旅游景区方面，结合旅游精品景区建设行动，以提升文化内涵与品质为核心，建设一批集体验性、参与性、娱乐性、教育性于一体的拥有历史、宗教、红色、生态、民俗风情等特色的文化主题旅游景区。

（三）创新文化旅游融合发展产品

依托各地独具特色的文化和旅游资源，以市场需求为导向，坚持特色化、差异化发展方向，创新开发文化、民俗与旅游融合产品，培育形成特色鲜明的客家文化旅游融合发展新业态。

（1）在文化旅游演艺精品方面，积极创造或再现影视作品情境，广泛运用现代声、光、电技术和3D等数字技术完善文化旅游演艺产品功能。

（２）在特色文化旅游节庆活动方面，扩大客家文化旅游节、美食节等专项文化主题旅游节庆活动影响力，加快发展客家武术赛事等体育文化旅游节庆活动，积极发展走古事、游大龙等民俗文化旅游节庆活动。

（３）在特色文化旅游商品方面，培育一批旅游商品研发、生产、销售龙头企业，征集、筛选并开发地域和民族特色突出、市场竞争优势明显的文化旅游商品，提升和改进旅游纪念品工艺与包装水平，健全多层次旅游商品销售网络，大力推广"客家有礼"系列文化旅游特色商品品牌。

（四）创新文化旅游融合发展研学精品

在永定湖坑、连城培田和长汀古城区这三处文化遗产较为密集、保护基础良好、自然环境较好的地方，分别建立文化遗产展示区，制定相应的整体性保护规划、传承计划和实施方案，同时与新农村建设规划有机结合，重点抓好区域内的土楼营造技艺、客家山歌、客家元宵节庆民俗、客家传统工艺等"非遗"的保护与当地经济社会发展有机结合，着重抓住长汀汀州古城区客家山歌、连城罗坊走古事、上杭白砂客家木偶、永定下洋中川客家民俗等20个整体性保护示范点，提高研学吸引力。

同时设立传习中心。结合各级各类"非遗"保护项目，设立了63个传习中心，组织制订相应传承计划，通过各种方式，大力开展有关"非遗"保护项目和传承人的培训工作，不断培养和壮大传承队伍，把"非遗"的保护传承工作推向深入发展。

另外，市、县各级投入了大量人力和物力，加强对闽西汉剧、十番音乐、客家山歌、客家戏曲、客家节庆民俗等"非遗"的保护，积极抢救濒临失传的传统"非遗"项目，广泛收集整理民间老艺人的作品，把客家传统"非遗"项目及传承人的珍贵史料，通过文字、录音、录像、数字化多媒体等手段，抓紧进行记录整理和抢救保护。市财政每年拨付20万元专款，用于市艺校定向培养闽西汉剧人才；市汉剧传习中心选派年轻演员到北京、上海等地的戏剧学院进行定向培养，较好地解决了闽西汉剧表演人才断层的问题。永定区组织对不少高龄的客家山歌歌手进行录音录像，抓好客家山歌的传承培养；该区大力支持国家级"非遗"永定万应茶进行生产性保护和传承，并组织相关活动，2017年产值达2600万元。

（五）创新文化旅游融合发展品牌

1. 搭平台

搭建平台，发挥两岸客家高峰论坛、世界客属恳亲联谊会等交流联谊平台以及长汀县一年一度的世界客属公祭客家母亲河汀江、武平县每年举办的海峡两岸定光佛信仰文化节和上杭县的客家宗祠、客家始祖祭祀等活动及平台的作用，保持与海上丝绸之路沿线国家和地区客家社团开展交流活动。据了解，海上丝绸之路沿线国家和台、港、澳地区先后有80多个客属社团、100多个宗亲会、20多个学术研究机构与龙岩市建立了密切联系，龙岩市每年接待成千上万丝绸之路沿线国家以及台、港、澳地区的各界人士前来参加恳亲联谊、寻根谒祖、旅游观光等活动。

2. 做项目

发挥根亲文化优势，深入挖掘闽西客家文化资源，做大做好永定土楼"楼"文化、做深做细上杭客家始祖"根"文化、做强做实长汀千年首府"城"文化、做精做美连城客家民俗文化、做活做灵武平民间信仰文化，大力彰显祖地文化的魅力，提高祖地文化对海上丝绸之路沿线国家和地区的影响力。1995年至今，长汀县连续举办了23届世界客属公祭客家母亲河汀江大典的活动，增强了海上丝绸之路沿线国家和地区客家人对闽西客家祖地的认同感，2010年被国台办列为对台文化交流重点项目，成为福建省对台文化交流的一个重要品牌。上杭县近年来组织的国际客属龙舟文化节活动，每年都吸引不少台湾及马来西亚、印度尼西亚等海内外客家人前来参加。连城县每年元宵期间组织的客家民俗文化节活动，都邀请台湾客家社团参加，至今已连续举办了16届，成为龙台客家文化交流的重要活动项目。武平县利用海峡两岸客家人共同的保护神定光古佛的影响力，作为发源地连续多年举办海峡两岸定光佛文化旅游节，对台湾及海上丝绸之路沿线国家和地区产生了巨大影响，2017年被国台办列为海峡两岸交流基地。

3. 广宣传

近年来，龙岩市组织共计100多批10000多人次，前往海上丝绸之路沿线国家和地区开展经贸文化考察、主办大型客家综艺演出、举办客家土楼书画摄影、客家族谱巡展等交流活动；龙岩电视台与台湾有关部门共同拍摄了反映闽西客家风情的各类电视节目共210多集、9000多分钟，并在台落地播出；龙岩人民广播电台制作的各类节目在台湾六家电台落地播出，播出总时长达3000多小时，覆盖台湾约85%的地区；《环球客家》杂志加强与海上丝绸之路沿线国家和地区的交流，并与台湾客家商会合作，设立环球客家杂志社台湾编辑部分支机构，定期向海上丝绸之路沿线国家和地区发行杂志为每期1000多册，几年累计20000多册等。这些都充分发挥了闽西客家祖地在传承弘扬客家文化中的主体作用。

第四节 闽西客家文化与旅游融合发展中的问题与对策建议

闽西得天独厚的地理环境和条件，造就了闽西独特的农耕文明，从农业、手工业、建筑业到商业，从宗教到民间信仰、民俗文化，从政治、经济到文化等，共同构成了完整独特的农耕文明体系。在闽西客家文化生态保护区内，保存了大量弥足珍贵的物质文化和非物质文化遗产，形成了闽西客家文化生态的多样性、独特性、完整性，极具开发价值。闽西地理区位优越，地处闽、粤、赣三省交会处，地接长江中游经济区、珠三角经济区、长三角经济区和海峡西岸经济区，旅游资源极为丰富，良好的生态与客家文化、红色文化优势互相增强，是发展文化旅游的极佳地域；地方政府对旅游产业发展也极为重视，旅游开发迅猛，潜力巨大。以龙岩为例，作为全国唯一以"龙"字命名的地级市，拥有自然、人文等丰富的旅游资源，以"大客家"和"大古田"为核心的文化之旅已享誉国内外。2017年，龙岩共接待国内外游客3784.14万人次，同比增长23.7%；实现旅游总收入332.76亿元，增长31.3%。

从近年的情况看，闽西文化与旅游融合在政府的积极主导下，已在一定程度上形成合力，融合的形式与领域不断拓展、程度不断加深。但是当前闽西客家文化旅游融合发展也存在诸多问题，例如发展不充分、不均衡。

一、闽西客家文化与旅游融合发展中存在的主要问题

（一）融合深度不够，融合层次不高

虽然闽西客家文旅融合的种类较多，但融合深度与广度均不足，缺乏创新意识。文化创意、高科技元素在融合中的应用较少，产业链的纵向延伸不充分。旅游产品、工艺品、艺术表演等转化为文化产品的能力有限，缺乏具有竞争力及市场影响力的融合精品产品。主要原因在于闽西在挖掘本地文化资源时，只

重视物质文化遗产，而忽视了非物质文化遗产，实际上很多文化创意都来源于非遗，这些文化资源中基本就没有形成产业化。

（二）闽西文化产业发展较慢，拓展不足，创新不够，限制了文旅融合的进程

闽西具有市场竞争力和国内外影响力的文化企业比较少，缺乏参与市场化运营的主动性，整合文化旅游资源的能力也欠缺，难以形成规模效应与辐射效应，"海峡客家"品牌打造的深度不足，在海内外的影响极为有限。

（三）高层次复合型人才不足，导致文旅融合发展内生力不够

闽西经济发展相对较为落后，导致人才外流，文化旅游人才数量和人才结构都不能满足自身发展需求，缺乏高端复合型创意型人才、品牌创造与管理人才、市场营销人才、产品流通型人才及高级管理型人才，导致文旅融合发展的内生力不足。

（四）发展资金不足，投融资渠道单一

闽西目前文化旅游发展的主要资金来自政府投入，民营资本介入很少，融资渠道较为单一，主要是民营文化企业规模较小，市场化运作程度比较低；另外，受国际经济危机影响，龙岩、三明两地政府财力萎缩，在一定程度上制约了文化旅游业长远发展。

（五）由于受现代化、城镇化浪潮的冲击，以及经济转型所带来的巨大改变，非遗的保护传承面临极大挑战

非遗的保护传承面临的挑战有：

一是一些非遗代表性项目难以适应现代生活，传承空间萎缩，传承条件困难，面临消亡的困境；二是个别门类的项目与现代生活逐渐脱离，后继乏力，受众急剧减少；三是部分传统手工生产被机械化生产所替代，致使非遗的核心要素无法得到有效传承；四是有些传承人文化素养不足、知识面较窄等；五是一些古建筑保存遇到危机；六是年青一代外流严重，使非遗的保护传承缺乏发展后劲；七是缺乏有影响力的产品，非遗项目不能留住游客，等等。

二、深化闽西客家文化与旅游融合发展的主要对策建议

（一）深化体制改革，加快创新发展，强化规划设计，打响客家文化旅游品牌

全面深化文化旅游行业改革，着力推进文化体制、旅游体制创新，树立"大

文化""全域旅游"的发展理念。按照简政放权原则，由新成立的文旅局统一管理规划区域内文化旅游资源，理顺资源管理体制，加强文化和旅游资源统筹，强化部门、区域、行业、企业的协调配合，夯实融合发展基础，加强制度政策创新、推动模式创新、技术业态创新，激发各领域发展活力，推动文化和旅游转型升级。坚持市场导向，以市场化手段推进融合发展，以园区、基地、企业等实体为支撑，增强融合发展竞争力。推动企业建立有文化旅游特色的现代企业制度。积极推进文化旅游领域供给侧结构性改革，着力增加优质文化旅游产品和服务供给，推动产业结构优化升级，培育新型业态，不断创造新供给。坚持规划引领，统筹推进，做好文化旅游融合的顶层设计、总体布局、功能定位、建设方向和发展模式，充分发挥文化资源优势，通过挖掘内涵、突出特色，以增量盘活存量，提升旅游发展层次。充分发挥旅游资源禀赋，强化差异发展、特色多元拓展增量，推进文化旅游资源的合理开发和优化配置，增强文化支撑力。

（二）实施重点突破，建设一批文化与旅游融合示范项目、示范村镇

在发展相对落后的地区，实施示范工程有利于强化激励、减少观望情绪、降低发展风险的有效手段，在文化与旅游产业融合的过程中，政府扮演着第一行动集团的角色，应将着力点放在重点领域，提高发展效率。在项目方面，当前应重点打造石壁客家源、汀江客家母亲河、客家土楼项目，这些项目已有较好的发展基础，可对其进行升级、丰富内容、拓展与现代旅游理念相匹配的方式，发挥带动、示范效应。在重点村镇方面，充分发挥名城古镇、历史街区、古村落的文化价值和旅游价值，加强提升文化形象和旅游品位，重点推动文化和旅游的功能融合、产业融合、经营管理融合，构建特色鲜明、富有创意、聚合力强、带动力大的县域文化旅游融合发展载体，培育文化旅游新业态，重点建设长汀古城、中山古镇、培田古村等。

（三）支持创作一批文化旅游融合发展的好产品

借鉴培田模式，一方面激发当地文化人士的创作热情；另一方面吸引区域外文化青年以闽西客家文化为主题创作历史文化、红色文化、现代文化等好作品，充分发挥影视作品的优势，深度挖掘文化和旅游的契合点，利用优秀影视作品，讲好闽西故事，促进文化和旅游深度融合。现已有影视作品已充分证明了其有效性与可行性。

（四）坚持市场导向，健全市场体系促进区域融合

加快文化旅游市场体系建设，紧密依托市场主体推动闽西文化旅游融合发展，形成文化与旅游相互照应、相互衔接、相互融合、相互促进的共同发展格局。打破区域、部门、企业界限，推进市场信息平台一体化建设，促进文化与旅游产品在区域范围内的整体营销。培育扶持一批产业关联度高、功能融合性强、创新能力突出的文化和旅游骨干企业，支持跨市域、跨区域开展建设经营，给予政策和资金扶持，促进市场资源优化配置，提高融合发展质量和效益。促进文化消费与旅游消费相融合，不断创新消费形式，推出更多跨行政区域、地域空间的个性化、特色化、精品化产品和服务，促进区域间产品衔接、市场契合，拓展发展空间。

（五）加强新技术应用，强化要素支撑推动产业融合

以第五代移动通信网络（5G）推广应用为契机，加强文化旅游服务功能建设，大力发展"互联网＋文化""互联网＋旅游"，推广智慧旅游综合平台、旅游大数据中心等智慧旅游、智慧营销、智慧服务、智慧管理相关技术应用，建设和培养具有文化特色的智慧旅游城市、智慧旅游景区、智慧旅游企业。推进文化、旅游、金融、社会管理等大数据共享平台的融合，扩充服务功能。加快完善集创意设计、产品研发、生产销售于一体的文化旅游产品体系，发展一批文化旅游特色产品，打造一批综合性文化旅游品牌，搭建闽西旅游大数据营销与电子商务平台。

（六）以创新为动力，发展新兴产业带动跨域融合

利用龙岩、三明大力发展数字经济的机会和条件，培育形成创意产业链和产业集群，促进创意产业和文化旅游协同创新，扶持发展文化旅游创意企业，推进组建跨界、跨域融合的创意产业集团和产业联盟。鼓励文化创意企业创作旅游内容的动漫游戏产品、数字虚拟旅游景点、景观，以提高旅游产品、旅游项目、旅游线路的科技含量，扩大旅游产品的影响力、渗透力、感染力和亲和力。鼓励并扶持文化旅游企业，融合工业制作、商品交易、科普教育、文化美学等多元素，大力发展体验性、参与性、交互性的文化旅游新兴业态。推动文化元素与时代需求、产业开发、现代旅游消费相融合。加快旅游衍生品的生产创意设计，最大限度地传播地域文化。大力推进体育、健身、娱乐活动，形成体育健身休闲与旅游、娱乐、康复、餐饮、文化、传媒等融合的产业体系。

（七）创新人才形成、引进、使用机制，增强文化旅游人才供给

根据市场需求和文化旅游产业发展实际，定期组织文化旅游从业人员开展业务培训，建立一批文化旅游实践基地。重点加强紧缺型、高端型、复合型人才的培养引进，特别是在创意设计、技术研发、经营管理、营销策划等领域，要加快培养高素质、专业化的人才队伍。对从事文化与旅游融合的技术人才、管理人才，在职称、待遇方面给予一定照顾，为人才成长提供更好的条件。

（八）规范市场秩序，提升管理水平

在文化旅游市场开发中，要加强对文化旅游资源的传承保护和合理利用，规范开发行为，维护资源的区域整体性、文化代表性、地域特殊性，避免对传统村落、历史文化名镇名村等过度开发，确保文化旅游市场健康有序稳定发展。建立规范文化旅游市场经营秩序的联合监管机制，依法开展联合执法和日常监督检查，营造良好的旅游环境。

第三章 全域旅游：闽西客家文化综合性开发的经典案例

第一节 长汀：客家首府，大美汀州

长汀，古称汀州，地处闽、粤、赣三省边陲要冲，拥有1600多年的建城史，是第三批国家历史文化名城。因其地势，有诗赞其"一川远汇三溪水，千嶂深围四面城"，又称为"佛挂珠"。汀州是福建省最大的客家人聚居地，它不但以山中有城、城中有山、山水秀丽、人杰地灵而名扬天下，更因它有唐宋古城、客家首府、革命圣地这"三位一体"独特的历史地位而著称于世，如图3-1所示。20世纪初，新西兰国际友人路易·艾黎由衷赞叹："中国有两个最美丽的小城，一个是湖南的凤凰，一个是福建的长汀。"近年来，长汀县始终坚持历史文化名城保护、利用、发展三者相辅相成的理念，注重历史的真实性、风貌的完整性、生活的连续性、坊间工艺的传承性、人文自然的融合性，形成了"政府主导、市场运作，保护为主、利用并举，凸显特色、塑造品牌，全民参与、共建共享"的模式，将历史文化街区、古城墙、红色遗迹等历史遗迹保护与城市发展、旅游开发血脉相连，打造"客家首府，大美汀州"文化旅游品牌，形成了以国家历史文化名城为核心、重点乡镇为支撑、美丽乡村为基础的城乡互动全域生态旅游发展格局。

图3-1 长汀古城远景

一、发展旅游，焕发古城新生

行走在汀州的古城墙，置身于古色古香的店头街，放眼望去，古巷整洁干净，蜿蜒的小路上摆满了具有当地特色的美食和手作，街坊邻里聊着家长里短……驻足间，仿佛已经伴着时光穿越了1000多年。

但若将时光拉回到1996年，可以发现，由于时间的流逝和战火的破坏，加之经济落后保护不善，岌岌可危的汀州古城墙在岁月的更迭中仅保留了1500米较为完整的墙体，约2600米的城墙在历史长河中湮灭，城内建筑如三元阁、文庙、水东街、店头街等都破败不堪。此时，恰值国家大力发展旅游业之际，1996全年来华旅游人数达5112.75万人次，比1995年增长10.22%；国际旅游（外汇）收入达到102亿美元，增长16.81%，旅游成为带动就业和区域发展的重要产业。作为发展旅游的核心要素，福建省、市、县三级高度重视历史文化保护工作，截至2012年，10年间共筹集资金1000多万元，长汀县共修复古城墙2998米、城门和城楼4座。2012年，长汀县在福建省率先成立了国家历史文化名城管理委员会，随后又成立了福建省古韵汀州旅游发展有限公司，每年拿出县财政十分之一的收入——5000万元专项资金，对名城保护和利用实行实体化、市场化运作。名城工作开展以来，改造提升了太平廊桥、三元阁广场、龙潭公园，新建了登科牌楼、艄公楼、民俗馆、大夫第、济川门、卧龙书院、宋慈画舫等项目，以汀江为核心的"一江两岸"旅游景观带日趋成熟，四大历史街区焕发经济活力。在这些项目建设过程中，配套实施了立面改造、道路提升、管网下地、雨污分流、基础照明、夜景灯光、景观绿化等工程；实施了汀江河道清淤、堤坝建设和亲水步栈道建设等，对汀州古城墙进行了疏浚、修复，提升了行洪排涝能力；改造建设了店头街入口停车场、食品厂停车场，增设了智能路障、标识标牌、旅游公厕、垃圾箱、休闲座椅，大大方便了居民和来汀游客的出行。如今的汀州古城，城区"一江两岸"旅游景观带逐渐完善，四大历史街区人气兴旺的同时，周边各乡镇也逐步打造了长汀三洲镇国家湿地公园、汀江源"天下客家第一漂"、新桥曲凹哩漂流、客家山寨丁屋岭等。为进一步打响全域旅游品牌，长汀立足汀州本地文化特色，充分运用各类宣传渠道和手段，推动"大美汀州"品牌走出去、走得更远，先后打造了大型历史画册、杂志；拍摄制作了歌曲MV，微电影等专题宣传片。尤其是自2013年以来，连续九年举办了以"客家首府·大美汀州"为主题的名城保护日活动。自2014年3月起，汀州古城墙加入"中国明清城墙"申遗序列，与南京、西安等6省8市（后增加至9省14市）的城墙开始联合打包申报"世界文化遗产"（现汀州古城墙已成功被列入国家申遗名录），这对进一步提升长汀名城知名度和美誉度发挥了重要作用。通过一系列紧锣密鼓的宣传，长汀逐渐被关注，长汀文化旅游持续火爆。据统计，2022年10月1日—5日，该县共接待游客20.75万人次，同比增长93.2%，实现旅游收入18700万元，同比增长61.5%。

（一）汀州古城墙——历史的见证

始建于唐大历四年（公元769年）的汀州古城墙，至明清时期，汀州古城墙总长为5000多米，设有12个城门，城墙顺山势而建，使青山、绿水、城池融为一体，"枕山临溪为城"，形成一种独特格局——"山中有城，城中有水"，素有"观音挂珠"之美誉（人们有机会鸟瞰长汀城，会看到古城墙以汀江为界向两边延伸至卧龙山顶，经山脉蜿蜒而下将整个城包围，恰似一串挂在脖子上的佛珠，被称为"佛挂珠"）。现保存完好的城门还有5座：唐宋时代的三元阁（广储门）、朝天门，明代的五通门、惠吉门、宝珠门，再加上复建的济川门，这些城门串联在一起，成为长汀悠久历史的见证，也是国家级文物保护单位，其高超的建筑技艺和不朽的艺术价值，充分体现了汉族客家人民的勤劳智慧和卓越才能，城门城墙也是游客必到之处，城门具体情况如下。

1. 三元阁

三元阁是长汀城内古城的标志性建筑。原是唐代古城门，始建于大历年间，为汀州刺史陈剑迁州筑城时的南大门，原名鄞江门。明洪武四年（1371年），汀州卫指挥王圭改名为广储门，弘治十二年（1499年），汀州卫指挥建广储门楼。明崇祯年间加以扩修，始名三元阁。三元者，状元、会元、解元。其阁正对着汀州试院。有志载，原为"四檐三层""明崇祯间，知府笪继良因葺广储门楼更名为阁"。阁上设对着试院的魁星塑像，象征振文风盛科举之意。《杨澜记略》里记载三元阁城楼观感："从台观于平地，城堞增辉，开户牖于半天，山川生色，可以壮威，可以御暴，可以浴心目而畅襟怀。"民国十七年（1928年），开辟州城大街为马路，城楼城堞遭到拆除。

经修复，三元阁现已成为长汀城内古城的标志性建筑。三座白石拱桥仿佛三元阁美丽的流苏。阁北为宽阔的园林广场，两边建有与其风格配套的琉璃瓦房仿古低层民宅。晚间的三元阁是当代长汀百姓的文化娱乐场所，红灯奢华，绿光迷幻，神秘而优雅。城门内外，栏栅上，绿地中，老人唱山歌，孩儿嬉猫犬，纳凉聊天，欢声笑语。更有无数游客到此重谙唐宋风韵，品味一杯谢公美酒。

2. 朝天门

朝天门是唐代大历年间陈剑刺史迁州时建成的古城门。明洪武四年扩建城楼—朝天门楼。弘治十二年汀州卫指挥建广储门楼，同时扩修朝天门楼。现存朝天门楼为清代重修，系省级文物保护单位。

3. 宝珠门

宝珠门始建于明嘉靖四十年（1561年），为明嘉靖汀州郡守杨世芳与长汀知县王邈所建。后府属南楼慈济阁拆迁，建起了宝珠门城楼。清道光年间又作修葺。为石、砖、木结构，分为内外双重城门，门楼两楹，中间辟有天窗，城门两廊设有马槽，保存着唐代建筑的风格。

4. 五通门

五通门城楼南临汀江，靠近五通桥。从五通门至惠吉门有一段城墙是年代比较久远的，也是比较坚固的，据说砌墙时加进了红糖和糯米，增加了黏性和韧性，曾经有人从砖缝里挖出粉末尝过至今还有甜味。

5. 惠吉门

惠吉门是汀州现保存完好的五大古城门之一，民族英雄文天祥曾在此抗击元军并赋诗。如今我们已看不见战火硝烟，却依然能体会到城墙的豪迈壮阔。

6. 济川门

号称"长汀第一门"的济川门城楼的历史非常久远，据宋朝《临汀志》记载，济川门始建于1066年，距今已有千年历史。历史上济川门也叫丽春门、水东门。

现在的济川门是在查阅众多古籍，并征求各方意见后重建的。这座城楼气势恢宏，分为两层，它的外观形制、门窗式样主要是参照建于宋代的福州华林寺和莆田三清殿，总体风格为宋代风格。斗拱、横梁都比较大，梁柱也很粗大。第一层离地高17.04米，第二层离地高24.49米。梁柱所使用的材质是进口红木（菠萝格），红木不仅名贵，也蕴含富贵吉祥的寓意。

济川门柱子基座的图案设计是很有讲究的：内圈12根柱子依方位顺布12生肖图案，其寓意为各就各位、各司其职、协调配合、井然有序；外圈四角柱子图案分别是：东方柱子用青龙图案、南方柱子用朱雀图案、西方柱子用白虎图案、北方柱子用玄武图案，其寓意为各神、兽守住本位，迎吉祥，保太平，让人民幸福安康。进门左边柱子用文、右边柱子用武，意味文武双全。西面出门处两根柱子用竹类图案，象征节节高升、蓬勃发展。

城门正面金灿灿的"济川门"三个大字是宋代大书法家黄庭坚的题字，他与当时的汀州刺史陈轩是好朋友。当年，他们二人经常在汀州城吟诗歌唱。黄庭坚曾赋诗"平生所闻陈汀州,蝗不入境年屡丰",黄庭坚对开创汀州历史上第一个"太平盛世"的这位好友的执政很是赞许。

济川门西面,大家可以看到行草的"南国山城"四个字,其文其书出自明代大儒王阳明。明朝正德年间,王阳明奉旨到闽赣间剿灭山民暴乱,曾率兵几次经过长汀。"南国山城"一词是出自王阳明到汀州时期的诗作《回军上杭诗》。这四个字的书法出自王阳明1515年给汀州地方官梁郡伯的手札。原作是草书,笔意酣畅,字势较为紧密,顾盼照应,一气呵成,是一件难得的佳作。

黄庭坚、王阳明与古汀州曾有不解之缘,其人其书重现于济川门,既体现了汀州府曾经的大气象,也寄托了重建者对先贤的缅怀和日后长汀腾达祥和的寓意。

汀州有句古谚"十座城门九把锁",为什么十座城门却只有九把锁呢?这唯一不锁的就是济川门。因为济川门过桥便是繁华的水东街,官员和居民夜间要时常通过,所以济川门只关不锁。"十座城门九把锁"典故既说明了当年济川门的重要性,也印证了汀州曾经的繁华和太平。

站在城楼上,客家母亲河汀江在眼前滔滔而过,济川桥连通两岸,对面的水东街(当时叫左厢里)一目了然。"十万人家溪两岸,绿杨烟锁济川桥",汀州曾经的繁华与美丽仿佛历历在目。

雄伟的济川门城楼不愧是古汀州博大久远的象征,是汀州古城标志性建筑,也可以说是长汀的新城标。

(二)庭院深处——儒学风华

除了古城墙古城门,城内还有诸多历史建筑,共同展示了古城曾经的风华,现举两处以示之。

1. 大夫第——八闽第一雕花楼

大夫第位于长汀历史街区东大街,为"一江两岸"核心景区。其原为汀州官宦人家居所,由于年久失修,原只剩有主体建筑。为保护古建筑,修复历史老街区,该修复工程被列入长汀县"一江两岸"景观修复工程,于2012年12月开始修复,按原府第式建筑格局,复建附房。占地面积700平方米,为二层建筑,建筑面积1200多平方米,历时一年完工。

该建筑为客家传统厅堂式,按照客家背山面水房屋布局,东临汀江,背靠卧龙山,以大门依次进入为中轴的对称。门楼面向东北迎水而向,入户三步台阶而下,寓意为财不外流,出门步步高升。门厅两层,屋顶为1600多个斗拱,分为五级组成，斗拱如凤凰展翅，因此被称为"五凤楼"。该建筑汇聚了汀州客家建筑最经典、最精彩的元素，随处可见精致的木雕、石雕、砖雕和灰雕，且保留了众多名人题写的楹联牌匾，体现了客家儒学传统，被前来考察的古建专家称为"八闽第一雕花楼"。

可以说，这里的每块板均雕了传统神话故事。能将木雕艺术发挥得如此极致，汀州大夫第不愧是古建筑中的精品之作。

2. 卧龙书院——闽地最著名书院之一

卧龙书院在汀州历史上颇负盛名，宋《临汀志》载，卧龙书院"位于卧龙山之南麓"，建于宋代，为当时闽地最著名的书院之一。

"四面平田，一山突起，不与群峰相属，如龙盘屈而卧，中分九支，故名卧龙。"山之南有书院，名曰"卧龙书院"，其修建于南宋宝祐年间。宋代大儒朱熹等曾在此讲学，汀州学子座无虚席，成为汀州文化的一道风景。

如今卧龙书院的主体建筑有藏经楼、讲坛、文昌阁、求真馆和龙学馆五栋建筑，并引入西溪活水环绕其间，周边配以亭台、园林景观、连廊等，在蓝天白云下美不胜收，呈现一个既有古风韵味又具江南风情的文化景观。

讲坛是书院的核心建筑，是讲学听课的场所。民间传说朱熹、杨时等大家都曾到此讲学。最后方有个小院，天井再现了古人天圆地方的建筑哲学理论。

书院里面最高的建筑就是文昌阁，阁内祭祀的是文昌帝君，它是读书文人求功名所尊奉的重要场所。

求真馆是为了彰显朱熹理学和以王阳明心学为代表的儒家学说，结合他们和卧龙书院弘道讲学的情缘，设置书院的特色展馆。同时结合汀州历史，设置汀州刺史陈剑研究专题馆。

3. 汀州试院

汀州试院始建于宋代，庭院式结构，占地面积万余平方米，由门楼、空坪、大堂、后厅、厢房和数幢平房相接组成。该址宋代为汀州禁军署地，元代为汀州卫署址，明、清两代辟为试院，是汀属八县八邑科举应试秀才的场所。正中的大厅是试院的大堂，两边复原的房屋就是原来考试的号房，大堂后面的房屋是学使和幕客以及上面派来的监考人员住宿的场所。汀州试院是古代汀州作为闽西八县文化中心的代表性建筑。

在试院的前面是两棵郁郁葱葱、生机勃勃的柏树，古柏种植于唐代，据专家测定已有1200多年历史。树龄正好与汀州城同年，是汀州古城的历史见证者。它的树干粗大，要三个人才能合抱。

汀州试院的两侧是汀州客家博物馆和长汀革命历史陈列展览。汀州客家博物馆总占地面积700平方米，共分四个展室，展览分为五个部分，第一部分为"享誉中华的客家首府"；第二部分为"灿烂缤纷的人文景观"；第三部分为"源远流长的客家文化"；第四部分为"世界客属一家亲"，最后一部分为"崛起奋进的长汀"。1995年被评为全国重点文物保护单位。

二、重现非遗，留存古城记忆

长汀在历史文化名城保护、利用过程中，始终坚持"原味汀州、活态传承"的理念，使历史文化街区与老百姓的生活融为一体，对文化进行有烟火气的活态传承，再现老百姓最熟悉汀州古城，古城里的老百姓依然延续着客家祖辈们的生活状态，洋溢着浓浓的"老汀州"味儿。长汀县四大核心街区总面积2.12平方千米，包括东大街街区、店头街街区、南大街街区、水东街街区四大历史街区和汀州试院历史风貌区。对四大历史文化街区的保护，坚持古迹保护、风貌保存、古韵留存的原则，同时注重古街巷、古地名、古建筑等内在文化挖掘和价值梳理，维持街区内传统手工业、传统作坊，推进周边环境优化美化，实现"让文物说话，让历史说话，让文化说话"。

在文旅融合主面，围绕"一街一特色"的目标，着力丰富街区的文态业态布局，使街区成为展示客家非遗的主要场所。

（一）花漾街区——古城古街赏非遗

始建于唐代的店头街是长汀最具盛名的古街，南北走向全长466米，街面宽约3米，是古汀州城最早的商业街区，"店头"在客家话语中则指最好的商铺，它是一条传统的手工百业街。如今的店头街保留着明清建筑特色，沿街大部分为青瓦盖顶的木质两层楼。油盐铺、豆腐店、剃头店……这些具有烟火气的小店，遍布于店头街的两旁；手工制作糍粑的声音此起彼伏、小贩的吆喝声不绝于耳……处处充斥着朴实的"烟火气"，这是长汀古城修缮与活化利用的真实写照。

游客徜徉于长汀街头，欣赏的不只是古建筑，还有那千百年来积淀的手艺和独具特色的客家非物质文化遗产，在人间烟火中体验岁月静好。

长汀古街恰如一座活的客家非遗和美食展示馆，在这里游客可以欣赏到：

1. 长汀公嬷吹

长汀公嬷吹，又称唢呐艺术，过去称"公嬷子""公婆吹"，是长汀传统音乐，国家级非物质文化遗产之一，公嬷吹传习所设于傅氏家庙。

"长汀公嫲吹"是用"公吹"和"嫲吹"的对奏为主奏，配以二胡、椰胡、三弦、扬琴等弦乐、弹拨乐器和大鼓、小鼓、大钹、小钹、云锣、大锣等打击乐器的合奏形式，流行于闽西长汀县，属于"长汀鼓吹"中最具特色的一种民间器乐演奏形式。据传已有一千多年历史，有据可查的已有六百多年历史。其乐器编配主要由一对高低音唢呐组成（筒音相差纯四度），二者对奏、和吹。高音唢呐称"公吹"，其杆身短而细。低音唢呐称"嫲吹"，其杆身长而粗。公吹所奏旋律称为"雄句"，嫲吹所奏旋律称为"雌句"。演奏时，公嫲二吹之间形成对奏、支声关系，曲调一问一答，哀怨缠绵，如泣如诉，抒发了客家先民对北方故土的思乡情怀和思念远方亲人的思念之情，是一种客家人怨战乱、盼和平、求安宁的诉求之声。

2. 酿酒技艺

汀州客家人家家户户善酿酒，每当冬至日来临，为了准备春节期间招待亲友的东西，便开始酿酒。汀州府志记载：唐代名相张九龄，临汀州登谢公楼。饮酒后极为赞赏，写下著名的《谢公楼》。诗云："谢公楼上好醇酒，二百青蚨买一斗，红泥乍擘绿蚁浮，玉盌才倾黄蜜剖。""汀州客家酿酒技艺"于2017年1月入选第五批省级非物质文化遗产代表性项目名录。店头街内随处可见客家酒肆，酿酒技艺传习所位于林氏家庙，在这里，不但可以体验传统酿酒技艺，还可以将拌好的酒曲带回自家发酵，喝到亲手制作的酒酿。

3. 九连环

长汀客家九连环，又称"霸王鞭""打莲湘"或"彩棍舞"，是流行于长汀县的一项客家民间歌舞。道具彩竿是用三尺长、直径一寸的小竹竿，两头挖一小槽，槽中装上铜钱，竿上贴上彩饰而成。表演时以手法为主，一手执彩竿中间，另一手拍打彩竿发出音响。其步法有踩步、跳步、勾脚、踢脚、十字步等动作，而身法则是配合彩竿拍打身体部位时扭动或俯仰。客家九连环表演时，可一人表演自唱自舞、二人对舞或多人群舞。迄今已有数百年历史，长汀客家九连环被列入第五批省级非物质文化遗产代表性名录。九连环传习所位于曾氏宗祠。

4. 刻纸龙灯

刻纸龙灯是童坊镇彭坊村每年欢度元宵佳节的传统客家习俗。据传，刻纸龙灯是由清康熙年间彭氏第十五代先祖彭景周将泉州剪纸艺术、元宵花灯艺术融于龙灯上，并加以创新组合而成的，距今已有300多年历史。

灯笼制作十分精巧，风格独特、内容丰富，图案常有花鸟虫鱼、飞禽走兽。表达了客家人对美好生活的向往，体现了群众智慧和民间艺术的魅力，具有很强的艺术性和观赏性。游龙灯中,更体现了凝集人心、团结奋进的精神。在古街上有作坊进行工艺展示。

5. 玻璃子灯

每年的元宵节,长汀城乡闹元宵游花灯民俗活动此起彼伏,高潮迭起,吸引着各地游客前来观赏。在长汀客家话中,"灯"与"丁"同音,所以每当家族中生了男孩,家中长辈就要郑重地在祠堂的厅堂里悬挂一盏灯笼,称为"添丁"。在长汀,还有一个风俗,女儿长大出嫁后,在第二年元宵节,娘家要为出嫁的女儿送去一盏莲花灯,寓意盼望女儿早日为夫家添丁。各式各样的花灯中,最负盛名的是长汀三洲的玻璃子灯。

玻璃子灯有悠久的历史,据传始于宋代末年,为客家人早期集聚三洲时所创,当年七个姓氏每姓一盏灯,故名"七姓灯",后来发展到每个房族一盏灯。玻璃子灯由灯身、灯座和灯挂三部分组成,在灯身周围悬挂几百盏透明的玻璃杯,连成长长的灯串,每一盏大花灯共有 20 余串玻璃子灯,当全部玻璃子灯点亮,犹如一座晶莹剔透的玻璃灯塔,光彩四射,璀璨夺目。由于玻璃子灯独特的魅力,后来流传至河田、涂坊等地。玻璃子灯制作工艺 2010 年被列入龙岩市级非物质文化遗产名录。

(二)八喜馆——客家民俗展示馆

要想感受汀州民俗文化,不可不到汀州八喜馆。长汀八喜馆在历史街区东大街,妈祖广场附近,靠近太平廊桥。

汀州的八喜,是代表着八种人生喜事,分别是金榜题名之喜、花烛之喜、添丁之喜、成人之喜、立灶之喜、乔迁之喜、寿宴之喜、丰收之喜。八喜馆是一座典型的北京"四合院"建筑,回廊天井,布局巧妙。转过屏风,就看见一座不大的戏台。戏台外边,斗拱歇檐,金光闪烁,迷离晃眼。正上方挂着"弈世荣昌"牌匾,两旁的台柱上挂着一副楹联,道出了看戏听琴的雅趣。戏台内,悬挂着"仁义为德"牌匾,门楣上"出将""入相"的牌子更彰显客家人封侯拜相、光宗耀祖的期许。馆内共有三层展厅,完整展示长汀客家人对待八喜所表现出的传统习俗和礼仪。

1. 金榜题名之喜

"金榜题名"乃读书人之大喜,客家人崇尚教育,不管家境多贫困,也要供子孙念书。客家人以"耕读传家"作为家风家训代代传承。"学而优则仕"是他们为求改换门庭、光宗耀祖的目标。

2. 花烛之喜

客家人沿袭了中原传统文化，男子16岁要行加冠礼，女子15岁则行加笄礼。他们举行了成人洗礼，便要以"父母之命，媒妁之言"张罗婚事。

3. 添丁之喜

客家人称男婴诞生为"添丁"。添丁是大喜事，会举办一系列的庆祝活动。婴儿诞生三天，要做"三朝"给婴儿洗澡。诞生一个月，要"做满月"，请诸亲友"吃姜酒"，并向诸亲朋好友赠送红蛋。诞生一百天，要"做百日"。诞生一年，要"做周岁"，长汀俗称孩子周岁为"周晬"或"过晬"。

4. 成人之喜

汉族自古就有成人礼仪，男孩的叫作"冠礼"，女孩的叫作"笄礼"。汉文化是礼仪的文化，而冠、笄之礼就是华夏礼仪的起点。

5. 立灶之喜

立灶，客家人俗称"打灶头"，即砌筑做饭用的炉灶。客家人盖新房，需做灶。客家人相信灶口的朝向与家庭财运相关，所以很有讲究，有"顺水灶""逆水灶"的说法。

6. 乔迁之喜

客家人盖了新房，便要举行乔迁仪式，俗称搬新屋。乔迁之日，主人要扛上竹篙、木梯，寓意为生活节节高、老人寿延高、读书人高中。

7. 寿宴之喜

健康长寿是人生大喜之一。自古以来"朝廷都敬老"，客家人秉承儒家文化，为长辈祝寿是每个家庭的大事。

客家习俗，老人做寿"男做齐头，女做一"，就是男子逢六十、七十、八十岁……女逢六十一、七十一、八十一岁……做寿。

8. 丰收之喜

农耕是客家人立命之本，一年在田中辛勤劳作，为的就是五谷丰登。各个村庄更以"迎花灯走古事""游草龙""游刻纸龙灯""百壶宴"等民俗活动来表达国泰民安、喜获丰收的喜庆之情。

汀州客家民俗，是汀州历史文化的重要组成部分。它既传承了中原地区的汉民俗，又融合了当地土著少数民族民俗，是绽放在汀州土地上一朵独特的民俗文化奇葩。在"汀州八喜馆"这样一个小小展馆里，可以了解到贯穿客家人一生的八大喜事，还有独特的非遗习俗，令人大开眼界。

（三）八喜院子——客家美食汇

长汀县2003年被命名为"福建美食名城"，2005年被命名为"中国客家菜之乡"，2018年9月白斩河田鸡在河南郑州被授予"中国菜——省级地域经典名菜"殊荣。

八喜院子位于店头街，离八喜馆不远，主营客家菜。在餐厅入口处展示了汀州人做豆腐的蜡像，还有豆腐"满汉全席"，吸引了不少游客。整个环境古香古色，大部分汀州著名的客家菜在这里都能尝到，上到大菜像麒麟脱胎，下到小吃灯盏糕，这里应有尽有。

1. 世界第五大名鸡——河田鸡

长汀河田鸡是福建省的汉族客家名菜，选用产于长汀河田镇的"中国名鸡"河田鸡加客家米酒烹制，皮黄脆、肉嫩白、味香。以香、脆、爽、嫩、滑和易脱骨而深受赞誉，为汀州自古以来知名特优佳肴，其鸡头、鸡爪、鸡翅尖更是下酒的好料，素有"一个鸡头七杯酒，一对鸡爪喝一壶"之说。这是长汀年节喜庆宴席中不可缺少的一道菜，也是海内外人士到长汀必品尝的一道菜，正所谓"没吃河田鸡，不算到长汀"。

2. 令人意想不到的豆腐

豆腐大概是大家最熟悉却又最意想不到的美食。在长汀，据说豆腐可以做出108道菜，堪比满汉全席，生氽满丸、焖豆腐、涂坊水豆腐、酿豆腐、豆腐脑、创意鲜腐皮等，让人大开眼界。

据说长汀女人贤不贤惠，主要考验两道菜，一是做豆腐，二是酿米酒，可见豆腐在长汀美食中的重要地位。

3. 宫廷大菜——麒麟脱胎

麒麟脱胎是长汀清代官席中之上乘珍品。相传长汀司前街有个郑姓富户，其家妇女为求多子，常在猪肚内逐层填入小狗和乌鸡、白鸽、麻雀、野山参等清蒸服用。此后作为一种饮食疗法，一直在富户中流传。清朝末年，汀郡总镇肖芝美兴办寿宴时，曾把"麒麟脱胎"列为首菜。

4. 客家名小吃——芋子饺

芋子饺，是长汀著名的风味小吃，在许多客家社区也有流传，客家人大多住山区，有"无山不客客住山，番薯芋子半年粮"之说。番薯、芋子都是山区的主要杂粮，长汀客家人吃杂粮时不断变换口味，制作出许多独特小吃，"芋子饺"就是其中一种。由于芋子饺皮嫩润滑，馅香味美，因而，虽然是源于农家的杂粮食品，也成为汀州名牌风味小吃，是宾馆、饭店的宴客佳肴。

5.边走边吃的美食——灯盏糕

闽西客家灯盏糕的来历和"扬州八怪"之一的黄慎有很大的渊源。相传清朝著名画家黄慎幼年丧父，家境清贫，其母为让黄慎专心学业，每天都在县衙旁边街头煎油饼卖，因黄慎母亲炸的油饼金黄剔透，香气扑鼻，很受顾客的喜欢，每天来买早点的人络绎不绝。由于其母炸油饼的煎勺形似照明用的灯盏，聪明的黄慎就给它起了一个极有诗意的名字"灯盏糕"，从此，"灯盏糕"的名字不胫而走。2014年1月10日，灯盏糕作为乐清传统小吃制作技艺被列入温州市非物质文化遗产名录。

三、创新创造，活化古城文化

文化的魅力不只在于其古老而独特，还在今人对其进行创新性发展和创造性转化，使其更接近今人生活，更易被欣赏并引起共鸣。

太平双廊桥凌江飞渡、兴贤坊牌楼拔地而起、八喜馆屹立江边、古戏台乡音缭绕、卧龙书院重振文风、济川门雄镇东南……近年来，随着全长3000米的"一江两岸"旅游景观修复工程，八喜馆、大夫第等景点的陆续开放使用，江边市场沿江立面整治、三元阁景观提升、"西水东调"古城壕建设、东大街和南大街等路面及沿街立面改造，卧龙书院的建成，长汀县历史文化保护工作从"点、线、面"陆续展开，迈上新台阶。在适应旅游业发展需要的同时，长汀县重视对业态引入的引导把控，在卧龙书院、八喜馆、大夫第、吊脚楼等景点周边，分别有序引入小型酒吧、茶舍、民宿等。此外，还建成了夜游汀江项目、动博馆（长汀县野生动植物科教示范基地项目）、汀州古城旅游观光车项目等，积极推进汀州建国饭店、美食城、客家休闲吧建设项目、母亲缘广场改造项目，以及客家生态休闲旅游新庄玻璃旱滑道建设项目等，不断丰富旅游业态，满足市民、游客"吃、住、行、娱、购、游"等各种不同的需求。

最能体现文旅融合和文化创新创造的，莫过于"一江两岸，夜游汀江"文旅项目的打造。

汀江河水里映着古桥和岸边城墙的光影，在夕阳和涟漪的衬托下闪闪发光，光怪陆离，很有一番韵味。"城在山中，水在城中，人在画中"，犹如水墨山水画卷般的古城夜色，伴着千年流淌不息的汀江河徐徐展开……如图3-2所示。

图 3-2　长汀古城黄昏远景

"一江两岸"旅游主景区按照古汀州的建筑格局，恢复朝天门广场、舢公楼、民俗馆、文昌阁、谢公楼、宋慈路、妈祖码头、大戏台、王阳明茅舍、上官周写生台、济川门、惠吉门码头、纪晓岚客栈、文天祥指挥台、陈轩题诗处等历史景观。

夜游汀江水上游线从惠吉门"汀江码头"出发，整个水上游线双程往返约35分钟，一路途经"宋慈航栈""五通桥（五通门）""济川门""龙潭公园"等古韵汀州景点。游船融入汀州客家特色文化元素，构成一幅如画般的夜景，使得水陆齐发，感受古韵新姿魅力。

乘一艘画舫，从惠吉门码头登船起航，一边是古色古香的古建筑，一边是充满时代感的近现代建筑，蓦然间犹如穿越。慢慢行，细细看，彩灯一开，五彩斑斓，夜色撩人。两岸亭台楼阁，交相辉映，人文景观与自然风光融为一体。

宋慈航栈中的宋慈是大宋提刑官，曾经在长汀当过县令。宋慈在长汀任职期间率民众疏浚汀江，才有了后来水路的畅通，为汀江府的繁荣奠定了基础。

五通桥的那面雾气在水面上翩翩起舞，乘画舫穿过五通桥，在"云雾"里感受"古"与"今"碰撞出的新火花，让你成为画卷中的一抹新景。

"水不在深，有龙则灵"，随画舫缓缓驶到龙潭参天古树，在灯光的萦绕下，岸边悬空的巨石若隐若现，似有神龙栖息其中临岸灯火为仙境般的龙潭。

看一场长汀古城的特色水幕电影，其主题科技光影秀、龙潭秘境、母亲缘3D水幕秀和依托南屏山打造的锦绣山河山体秀，使光、影、游、水、雾、声等视听效果与自然山水、一江两岸景观创意相融合，使山水活化，使汀州的历史人文、客家民俗、红色岁月、生态文明建设成就等呈现在游客眼前，引领游客感受千年古城的丰富内涵。

第二节　连城：文旅交融共谱客家山水田园协奏曲

连城县，是福建省龙岩市辖县，简称"莲"，别名莲城，地处福建西部山区武夷山脉南段，是革命老区和客家文化名城，拥有"中国优秀旅游县""中国红心地瓜干之乡""中国连城白鸭之乡""全国武术之乡"和"中国客家美食名城"等美誉。

连城县文旅资源中有"一山一田"的金字招牌。其中"一山"是指冠豸山。冠豸山在北宋时期就有"北夷南豸、丹霞双绝"的美誉和记载，是客家神山、生命神山，国家重点风景名胜区。而"一田"是指位于宣和乡境内的培田古村落，其传承着"九厅十八井"的古代建筑技艺，被誉为"民间故宫""客家庄园"。近年来，培田村获得了"中国传统村落""中国历史文化名村""全国重点文物保护单位""中国最美的历史文化名村（镇）""中国特色村""全国特色景观旅游名村""中国最美休闲乡村""全国美丽宜居示范村庄"等荣誉称号。2019 年获评为福建省首批"金牌旅游村"。

一、览冠豸丹霞，品味豸文化

冠豸山是全国唯一以"豸"命名的圣山。正如明代吴樵在《咏冠豸峰》所言："碧血千年化作山，嵯峨犹带谏时冠。至今抗直回天日，不与诸峰列一班。"冠豸山就是客家人心中的神山。"不连岗以自高，不托势而自远，壁立千仞，刚正挺拔"，它神形兼备，是神豸在人间的标志。豸文化是客家文化的重要组成部分，凝结了客家文化的精髓，豸文化建设以"聪灵、刚强、公正、诚信"的豸之魂，以獬豸文化为源，以客家家风家训和宗祠文化、廉政文化、司法文化、诚信文化为拓展的豸之韵，以自然景观为豸之形，以人文景观、民俗景观、兰竹等君子文化为豸之风，赋予冠豸山"刚正、清廉、儒雅、和谐"的品质灵魂，以冠豸山独特的"豸文化"内涵，打造中国特有的豸文化品牌。连城县不断追寻豸文化融于旅游，旅游促进豸文化的传承，近年来取得优异的成果。

（一）豸之形：山水形胜刚柔兼具

世人常言道：山有阳刚之美，水有阴柔之姿，在冠豸山这种贴切的形容被展现得淋漓尽致，奇特的丹霞地貌孕育了冠豸山秀丽的山水景色，使其集雄奇、秀丽和神秘于一身，和著名的武夷山并称为"北夷南豸，丹霞双绝"。

冠豸山主峰为灵芝峰与五老峰。灵芝峰相对高度为660.8米，是冠豸山最高主峰，形似一朵千年灵芝，故有此名。五老峰与灵芝峰之间有一天然裂隙，游人到此，翘首青天一线，两壁夹立，峭拔千仞，直冲霄汉，称"一线天"。亭之南面峭壁上有罗丹的"人长寿"巨幅摩崖石刻，峦、亭、字互为烘衬。从寿星峦下奇险天梯，穿过浓荫蔽日的山谷，眼前突现一冲天石柱，相对高度54.1米，巍然挺立于深谷，因颇具阳刚之气，现人称"生命之根"。"生命之根"是冠豸山的标志和象征之一，石柱挺拔在长寿亭附近的山谷中。石柱周围地势平缓，拔地而起的石柱犹如擎天玉柱傲然耸立在天地间，尽显十足的霸气和旺盛的生命力，在历经千年风雨后依然保持着勇往直前的气概。相比"生命之根"的阳刚，立于旖旎水畔的"生命之门"则极尽阴柔之美，二者天造地设，在大自然的鬼斧神工之下闪烁着生命之光。

"仁者乐山，智者乐水"，山给予水以安稳，水赋予山以灵动，在充满生命和文化气息的冠豸山怎么能没有水韵的滋润、石门湖和九龙湖就静卧在冠豸山连绵的山谷间，湖水碧澈荡漾，好像两颗碧绿的翡翠镶嵌在奇峰幽谷中。石门湖位于冠豸山东南，湖水蜿蜒于峡谷之中，波光潋滟，风景如画。

坐落于冠豸山东南的石门湖，如一块翡翠，镶嵌在冠豸山的险峰奇谷中，四周环山，是连城昔日八景之一的"石门宿云"所在地。登上游船，缓缓前行，船桨划破波光潋滟的湖面，推动着小舟时而穿过狭窄的峡谷，时而闲庭信步开阔的湖面，"水转山间走，山回水中行"，山风习习，清凉舒坦。山在慢慢后退，水在慢慢后退，眼看就到湖的尽头，"山穷水尽疑无路"，却又"柳暗花明又一村"，豁然开朗处曲径通幽，山环水绕，水傍山立。

九龙湖是冠豸山中一颗耀眼的明珠，这里的鳄鱼峰、九龙献瑞、八仙岩等奇色异景令人流连忘返。湖水两岸山峰叠翠，蜿蜒的秀水好像一条游龙穿梭在冠豸山曲折的山谷中，弯弯曲曲的支流让身处其中的游人好似进入迷宫一般。山是阳刚的，水是阴柔的，在冠豸山，只要拥有丰富的想象，所有的山水都是富有生命的。那天地生成的景色在经过千年文化气息的浸润之后充满灵性，仿佛一块被收藏、把玩很久的玉石，光彩照人。

（二）豸之魂：寻觅獬豸之精髓，感悟奇豸之德行

獬豸是公平公正的标志，是人间正义的化身，是中国法律的图腾。"獬豸"文化源远流长。春秋时期，楚文王曾获此兽，依其形制成王冠，称"獬豸冠"，

秦灭楚,以此冠赐给执法御史大夫。后经汉、唐、宋、明,獬豸冠一直是御史、按察使之类的监察官及司法官的专用制帽,所以又称"法冠"。

冠豸山开发于宋元年间,元至正二十六年(1366年)以冠豸为山名。"天设巍峨獬豸冠,俨如柱石立朝端,月明山下豺狼过,远望威如胆自寒。"明代诗人张应珍这首咏《冠豸峰》道出了古人命山名豸的深刻寓意和对豸"聪慧通灵、公平正义,善恶分明、疾恶如仇,刚强正直、威武不屈,廉洁诚信、尽忠职守"灵魂品质的追寻。冠豸山"豸文化"中展现了客家文化"聪灵、公正、刚强、诚信"等精神内涵精神,山中的豸雕像、豸冠、豸神庙、书院、理学遗址、"雄起"景观等无不体现了客家人对豸文化的独特理解。

丹霞景观中融入了豸文化。在冠豸旅游过程中充分彰显着客家文化内涵,奇妙的丹霞景观巧妙自然地融入了客家文化的精神部分,如客家迁徙历史、热情好客、拼搏进取、百折不挠等价值观。例如石门湖景区的"酒坛峰"融入了客家人热情好客的精神,"万峰朝斗"说明冠豸群山有峰朝北斗的特点,马头石群峰命名为"回望中原",充分体现了客家自北而南迁徙的历史;再如"生命之根"景观,也可以取名为"雄起",体现了客家人拼搏进取的精神,令游客深切体会到豸文化其实就是客家文化,使游客在游览过程中能够品读豸文化与客家文化的内涵,更进一步认识这两种文化相辅相成,密不可分。

(三)豸之韵:探究冠豸之底蕴,领悟客家之传承

豸与貔貅、麒麟等都被称为"龙之九子"。豸文化,与龙文化、凤文化一样,都是以神性的崇拜物命名的文化。冠豸山是世间传承古代豸崇拜的最好例证。

豸文化与客家文化紧密相连,客家文化是坚韧不拔的意志、勇于开拓的精神、勤劳朴实的品格、诚信处世的行为和修齐治平的价值观念,它与做人宜忠宜勇,为官宜廉宜洁,执法宜公宜正的豸文化一致,客家宗祠正厅墙壁的"忠、孝、廉、节"四个大字,既是豸品质的传承、儒家的社会规范,更是彰显乡风、教化子孙后代心存正气的承载。

在游览这座"客家神山"时,导游应向游客讲述何为客家丹霞"神秀十八景"?例如上游第一观、一线天、灵芝峰、回望中原、雄起石(生命之根)、莲花峰、水门墙、寿星峦、摩天岭等。何为客家神山"神秘十八古"?例如"狐狸打来豸打去"的传说、"客家宗族神秘拜图"故事、竹安寨天池永不干涸传说等。何为客家神兽"神通十八豸"?例如通灵豸、兆瑞豸、遁形豸、善飞豸、公正豸、刚强豸、聪灵豸、诚信豸、拼搏豸、雄起豸、吉祥豸、健康豸、平安

豸等。

（四）豸之风：天地有正气于今日浩然

冠豸山有书院、古寺、亭台楼阁等人文景观，冠豸山鬼斧神工的自然地理文化，赋予了冠豸山蕴含文化意味的灵气。山中书院林立，成为冠豸山的文化传承。自南宋到明清，连城甚至周边不少文人雅士纷纷在山上结庐倡学，先后建有"二丘书院""樵唱山房""东山草堂""修竹书院""五贤书院"等书院，成为冠豸山一道书香四溢的风景。数百年琅琅书声，传至今日，仍然不绝于耳。

由于冠豸山的美丽源于书院的兴起，冠豸山自古以来有历代无数才子贤士去游览。他们在崖壁上留下了无数摩崖石刻和题匾，以及一篇篇题咏冠豸山山水的文章诗赋，成为冠豸山历史文化传承的见证，愈加沉积了冠豸山的文化内涵。现如今，山上留下的 40 余处摩崖石刻更是弥足珍贵，既抒发了游山豪情，又弘扬了闽西崇文尚学之风。因钟灵毓秀的冠豸山，因这样浓厚的文化积淀，至今连城文风鼎盛，作家之多列于全国县级前茅，有"文学强县"之称。

登上冠豸山，阵阵正义之风扑面而来：从遒劲刚强的迎客松到惩戒贪婪的石禾仓，从警示明言的丹梯到气势磅礴的"上游第一观"，从象征司法权威的獬豸金印到清雅高洁的芳兰谷和洁身自好的莲花峰，从淡泊明志的桃源到宁静致远的桄榔幽谷，从高风亮节的修竹书院到质朴无华的东山草堂，从慈眉善目的寿星岩到祈福纳祥的人长寿，从积善修德的金字泉到纯净心灵的洗心亭……倘徉在冠豸山，每一处景点都渗透着一股浩然正气。

登上冠豸山，一股股清廉之风荡尽心尘：项南纪念碑、清气亭、松风亭、香兰亭、仰止亭……无不让人思绪万千。还有教人从善的寺庙文化、意蕴深远的碑志匾额、咏物叹志的摩崖石刻等，都承载着"仁、义、礼、智、信""忠、孝、廉、节"的儒家道德规范。

登上冠豸山，一缕缕儒雅之风沁人心脾：仰止亭、丘氏书院、东山草堂、樵唱山房、修竹书院、五贤书院……历代文人雅士在这里筑就读书人的精神家园，罗从彦、林则徐、丘麟、丘方、纪晓岚、林赤章，一代代名儒，与风月为朋，与烟霞为友，习文练武，吟诗作赋，研讨理学，修德成材。

二、游培田古村落读客家庄园传奇

培田村古称河源峒。唐宋时期，中原大批汉人为避战乱而南迁，他们中的一部分人进入闽粤赣边地区，并逐渐与当地原住民相融合，成为客家先民。元至正年间，培田吴姓一世祖吴八四郎隐贩于（长）汀、连（城），定居于宣河里上篱村（后名为上里，现为升星村），明成化年间始改称培田。宋元间，该处及周边有林、曹、马、谢、聂、赖、吴等十姓在此生活，直至清末后，培田成为吴氏单一居住的村落。

培田村拥有较为完整的明清时期客家古民居建筑群，堪与永定土楼、梅州围龙屋相媲美的客家建筑文化经典之作。它是中国历史文化名村，村内古建筑群是国务院全国重点文物保护单位。走进村落，30余幢高堂华屋、21座宗祠、6个书院、5个庵庙、2座圣赐跨街牌坊、1条千米长街赫然呈现在眼前，每一幢古民居，都是艺术的结晶，都有一个悠远的故事，诉说着培田数百年的风雨沧桑。

时光更替，村落的辉煌历史不再，但底蕴仍存。有关于耕读、商贸的遗迹完整地保留下来，包括传统剪纸、九厅十八井传统建造技艺、河源十三坊"入公太"庙会以及春耕节、连城拳、提线木偶戏、十番乐等传统民俗非遗一直传承至今。走在村落中，我们仍能体验到传统客家糯米酒、米冻、糍粑、烤烟、姜糖生产工艺，仍能享受到连城白鸭、炒九门头、灯盏糕、漾豆腐等传统美食，仍继续聆听到那些独属于培田的、悠远绵长的故事。

"培田"寓意以田地养育子孙，靠教育培养后代，暗合古代中国耕读为本的教育文化。培田这片水土孕育了无数英才。培田文化的精髓就在于崇文重教、耕读传家，既以儒家思想为源，又与客家文化相融，以书院教育、祖训家规、楹联匾额、建筑艺术等形式传承耕读文化。

培田村立足于传统乡村风貌和地域文化特色，其坚持发展文化旅游，结合特色农业和生态环境优势，全面加强古建筑的保护开发和合理利用，深入挖掘物质文化遗产和非物质文化遗产，注重把文化传承和生态健康理念融入景观改造、宜居建设和旅游产品开发。

三、看南方明清村居建筑文化

冠豸山、笔架山、武夷山南脉三道绿色屏障，自北向南，直落培田，如三龙环抱，抵挡了寒流霜害、夏秋台风的侵袭。村外五个山头，又似五虎踞护，护佑着培田的一方安宁。这种守护，使培田村居建筑得以留存。一条官道擦村而过，通往长汀、连城，培田就是古时官道上的一个驿站。交通要道的地位在带来财富的同时，也让培田人思想开放而不僵化，使村居建筑精美而有序。一条河绕村而去，既供村边农田灌溉之用，又保村内生活所需。村落南边水口处，古梅、香枫茂密掩映。培田就坐落于这块如画的风水宝地。走进培田，便觉处处是画。这里有高高的灰褐色风火墙，飞檐翘角的威严门楼；或花鸟虫鱼、或历史故事、或工笔写意的木刻窗雕寄托理想追求、向往美好生活的石联壁画；深深庭院，幽幽小巷，畦畦稻田，如黛远山，遥遥连绵……培田，不愧为人们称道的画里村庄，无处不是人与自然的和谐画面。

培田村古建筑群是客家人参照北方庭院建筑特点，建造技艺精湛，适应南方多雨潮湿气候，采用中轴对称布局，厅与庭院相结合的大型民居建筑、以官厅、继进堂为代表的"九厅十八井"建筑，设计精巧、样式独特、工艺精湛、文化底蕴深厚，是明清建筑技术与艺术的完美结合。九厅，即指门楼厅、下厅、中厅、上厅、楼下厅、楼上厅、楼背厅、左花厅、右花厅9个正向大厅。十八井即指五进厅共五井，横屋两直每边五井共十井，楼背厅还有三井，共计"十八井"。"九厅十八井"建筑设计构思秉承"先后有序、主次有别"的传统观念。纵主横次，厅、厢配套，主体、附房分离。具有通风、采光、排水、卫生等功能。挑梁式梁栓结构以其"墙倒屋不塌"的特点，被中外专家称为世界一流的抗震建筑。宅内的建筑装饰集中了各种工艺手法，梁托窗雕鎏金，屏曲、梁扇镂空浮雕，有的图形纹样多达9个层次，巧夺天工。上厅供祭祀、族长议事，中厅接官议政，偏厅接客会友，楼厅藏书课子，厢房横屋起居炊沐，家族聚居，集政、经、居、教于一体。这种"聚族而居、颐养闲适、天人合一"的居住方式，既充分体现了客家人的血缘文化，又强化了客家人宗族内部的亲和力和安全感。培田21座百年古祠的门庐构造也是技艺超群，素有"三分厅堂七分门庐"之说。其结构斗拱垒撑，立石柱雕梁，架飞檐翘角；安红门，画彩栋，悬金字牌匾，镂雕窗牖墙屏，刻石柱楹联，绘木壁漆画。这座有"客家庄园"和"民间故宫"之誉的"中国历史文化名村"，是一座活的农耕文明的宝库，更是耕读文明的活化石。约7万平方米的古建筑群，无声地诉说着历史的厚重，与永定土楼、梅县客家围垅屋并称为"客家三大建筑奇葩"。

代表性的建筑有：

1. 衍庆堂

衍庆堂是培田村现存最老的屋宇，在都阃府旁，为吴家总宗祠，由培田六世祖吴郭隆修建于明景泰年间（1450~1457年）。原来为住屋，内挂堂匾"至德衍庆"。至乾隆二十七年（1762年）扩建为郭隆公祠，始取名"衍庆堂"。衍庆堂是培田村祭祖、打醮、集会等活动之所，村民仍称"老屋"。衍庆堂建筑门外有荷塘，门前有石狮。一对门当户对，与北京四合院门前设置相差无异，体现了中原文化的传承。"门当户对"蕴含阴阳组成乾坤，男女谱写人文。女性喻吉祥，田丁表兴旺，男女和合，家业兴旺，万代兴隆。其理念喻示着客居异地的中原移民，在聚族而居中对宗族瓜瓞延绵的展望和追求。衍庆堂融中国民族建筑艺术和客家文化内涵于一体，是现存较完整的典型明代建筑。

2. 久公祠

久公祠是奉直大夫吴九同的公祠，也称"敬承堂"。其联曰："敬祖敦三礼，承先溯一支。"久公祠为三开两进布局。大门门前有一廊庑，建双重门槛。外门槛立四根石柱，两方两圆。方柱上刻"祖训书墙牖，家声继蕙兰"，表达了客家人光耀门庭的愿望及对祖宗的尊敬。内门槛是木门槛，设大门。门槛上方的五重斗拱精妙绝伦，有大唐遗风。这种双重门槛的设计如今很少见。

3. 进士第

进士第又称务本堂，是目前培田保存最完好的一幢民宅，是清武进士吴拔祯的祖屋。大门为三合门，寓"天时、地利、人和"之意。门厅后的庭院精致雅洁，颇具文人雅士品茶赏画，琴诗之风骨。正门额上高挂着"殿试三甲第八名武进士、钦点蓝翎侍卫"的《榜元》进士匾。《榜元》进士匾正文是"进士"两个大字，上下款识连起来为"钦命掌河南道监察御史载存、经筵讲官兵部尚书乌拉喜、经筵讲官刑部尚书贵恒为戊子科乡试中式第六名、壬辰科会试中式第三十三名、殿试三甲第八名、钦点蓝翎侍卫吴拔祯立"。屋里的《榜元》匾牌，是吴拔祯高中武进士后挂上去的。

4. 官厅

"官厅"原称"大屋"，为吴氏接待过往官员而称"官厅"，相传为吴纯熙挖八窝金窖而建。官厅高墙耸立，四围封闭，墙内特开宽约三尺水圳，专供妇女洗涤。"官厅"属"九厅十八井"结构，但布局为前塘后阁式五进厅。前设月塘，一取水克火之意；二取"九厅十八井，井井水归塘"之缘，与徽派建筑"四水归堂"有异曲同工之妙；三寓肥水不流外人田，"不尽财源滚滚来"。内外宇坪宽阔，为武官下马，文官停轿而设。外门、厅门横批"业继治平""斗山并峙"，表达主人不仅有继承前人治国平天下之志，而且有开启后人人文武竞秀局面之愿。外坪、内坪各立一对青石雕凿旌表，为清乾隆九年（1744年）岁进士吴镛、吴鉴所立。

"官厅"布局独特，设计精巧。正厅设置"泰阶"，对不同级别的官员有不同的约束和规定，体现了森严的封建等级制度。中厅隔扇"丹凤朝阳""龙腾虎跃""王侯福禄""孔雀开屏"均为九重鎏金透雕。挑梁"八宝""鲤鱼跳龙门"则为鎏金浮雕。梁柱间、桎枋间的雕花，全为双面对称镂空雕。后厅为宗族议事厅。左右花厅则专供主人休闲会友。楼下厅为学馆，楼上厅为藏书阁，曾藏有万余册古籍，后被付之一炬。

5. 恩荣牌坊

恩荣牌坊位于培田村南村口，坐北朝南，建于清光绪年间（1871~1908年），是光绪皇帝为表彰御前侍卫、武将军吴拔祯而建的一座忠正牌坊。三间四柱五楼式，通面阔5米，通高5米，全部采用青石构件，正楼上为葫芦宝顶。牌坊中柱前有报鼓狮，边柱前有凤尾石。正额即龙凤板上阴刻"恩荣"二字，副额阴刻诰封吴拔祯三代人功名与职位的文字。

村中心是一条千米长的古街，贯穿全村，旁列古祠、民居、商铺，是培田的主要商业集市。相传，盛时街上商铺数十间，客栈、轿行、布店等无所不包。

曲折古街，巷道，互为连通，把错落的明清古建筑有机连为一体，"虽是人工，宛若天成"。

街道边有水圳相伴，穿街过巷，直通各户，是古时自来水工程。据村中老人回忆，过去圳水清澈见底，村里人就靠屋旁流动的圳水作为生活用水，洗菜淘米。村中还有水塘、古井，见于房前屋后。

数百年前的建村者，极为讲究村落的理水。每一座古建筑都布有暗沟，用来排泄家家户户的天井雨水、生活污水。天井将民居屋面流下的雨水汇聚一处，顺沟而出，流入石砌水池，满足"四水归堂，财源攘滚而来"的聚财心理。排水路径讲究宜暗藏，不宜显露；宜弯曲而去，不宜直泻而出，乃因"水为气之母，逆则聚而不散；水又属财，曲则留而不去也"。有的民居还在厅堂下设有陶制暗水管，放养乌龟在管内爬动，起着排污清沟作用，别出心裁。

如果说街是村的骨髓，水就是村的血脉。灵动的水赋予了村子水样的灵性。

四、品诗书继世长的家文化

培田先祖秉承"清白传家、诗书继世"的思想，大力发展教育事业。培田历史上有过18个书院、私塾和学堂，最繁荣的时候，有"三家一店铺，一人一丈街，十户一书院"之说。近年来，培田村立足于传统乡村风貌和地域文化特色，坚持发展文化旅游，结合特色农业和生态环境优势，全面加强古建筑的保护开发和合理利用，深入挖掘物质文化遗产和非物质文化遗产。到目前为止，培田村已累计投入2000多万元，严格按照规划要求及整治方案，对衍庆堂、衡公祠、致祥堂、锄经别墅、大夫第、古街、容膝居、绳武楼、如松堂等建筑单体进行"修旧如旧"的抢救性维修，组织拆除有碍观瞻的建筑，并对主要民居的周边环境进行重点整治，深入挖掘突显"崇文重教，耕读传家"的客家文化底蕴，丰富乡村旅游内涵，提升乡村旅游品质。

（一）南山书院

南山书院是长汀、连城甚至闽西一带办学的典范，许多外乡学子慕名而来，一些名流高士都以上过南山书院的讲台为荣。明清以来，举人吴茂林、福州才子邱振芳、翰林曾瑞春等一批名士都曾执教于此，因而，此书院有"距汀城郭虽百里，入孔门墙第一家"之美誉。清朝翰林院大学士纪晓岚参观培田书院群落后大为惊叹，挥毫题下"渤水蜚英"的传世名匾。

（二）紫阳书院

"紫阳"是宋代理学家朱熹的名号，培田紫阳书院之名便由来于此。该书院修建于明末清初，距今约600年。门外有古时半月荷塘，别致的小门楼上方写有"紫阳书院"四个大字。紫阳书院作为培田村书院文化的典型代表之一，彰显了培田吴氏家族的立家之基和培田村整体浓厚的文人气质。

（三）容膝居

培田建有国内最早的妇女学馆——容膝居。容膝居出李白诗句："楼高可采星，屋小堪容膝。"门刻一副"庭来竹友心胸阔，门对松岗眼界宽"的楹联体现了当时培田人先进的教育理念，认为女性也可以识字、经商，并进行三从四德、礼仪、工艺、烹调等方面教育。由"可谈风月"四个大字可见培田还对乡人开展了性知识方面的教育，体现了培田先辈们先进的文化教育理念。

（四）锄经别墅

在培田古街中段，有一座不甚起眼的数椽瓦屋，大门上书一联，横批："锄经别墅"，联曰："半亩砚田余菽粟；数椽瓦屋课桑麻。"别墅在古代亦称别业、别馆，是指住宅之外用来享受生活的第二居所，类似于"职业教育学院"，是学习耕作、种植技艺的启蒙理论和实践教育场所。

（五）继述堂

继述堂，自1884年始建，历时十一年建成，大门门额题的"三台拱瑞"四个大字，已经挂了数百余年。堂名取自《中庸》"夫孝者善继人之志善述人之事"。房主吴昌同父子诰封"奉直大夫""昭武大夫"，故又称"大夫第"。门楼门额横刻"三台拱瑞"，是指地处山川环绕的祥瑞之地；门联石刻"水如环带山如笔，家有藏书陇有田"和"门外有山堪架笔，庭中无处不堆书"，抒发了屋主耕读传家的志向。

（六）敦朴堂

敦朴堂，堂名意取敦厚朴实，勤劳节约。堂前是半圆形的卵石地面，相比街路、院内都低矮得多，每逢雨季这半圆形的卵石盆内便会积满雨水，就像个聚宝盆，寓意肥水不流外人田。敦朴堂的另一大特色是这里保留有雕版印刷书坊，雕版印刷技艺被列为国家非物质文化遗产。云墙题联"勿忘三命""以勖二南"，厅中悬挂诸多书画作品，浓郁的书卷气息烘托出独特的文化氛围。

五、赏耕读传家远的乡土文化

"崇文重教、耕读传家"一直以来是培田的传统。"耕读传家"指的是既学做人，又学谋生。培田在保护、开发、利用古村落中，秉承文化兴村理念，深入挖掘深厚的文化资源，传承客家"孝悌为本，耕读传家"的传统和"业继治平""开拓进取"的精神，文旅融合推进乡村振兴。

自2011年开始，培田成立客家社区大学，这是由21世纪教育发展研究院、中国人民大学乡村建设中心等单位联合当地政府共同举办的公益组织。从2012年开始，在社区大学的倡导下，培田恢复举办传统独具特色的春耕节。在喜庆与欢乐的气氛中，村民和游客一起参加犁田、插秧、抓鱼等农事比赛，体验传统的生态农耕方式，重拾对土地和自然的尊重。在娱乐活动项目中，宣和乡策划推出以参观古建筑、学习客家耕读文化、体验非遗项目、了解红色历史等内容的培田研学产品。春赏花务农，体验培田春耕节；夏戏水游园，感受培田古韵；秋赏戏品曲，品味非遗经典；冬庆春走访，感悟培田民俗。目前，培田研学教育基地已投入使用，如客家"九厅十八井"建筑文化体验区、客家楹联文化体验馆、客家农耕生活体验项目、客家风情文艺演出体验馆等相继建设完成，使游客在各式各样的项目体验中不断加深对于培田客家文化的活态传承。目前每年的研学游客有1万多人。

（一）体验培田春耕节

培田春耕节源于"莳田节"，春种秋收，夏耕冬藏，这些农耕的时序节令，孕育了丰富的乡土文化。培田是一座重农古村，其名本就寓意以田地养育子孙。体验四季耕耘，是中华农耕文化的传承与延伸。"耕者有其田，农民有其节。"培田春耕节拥有深厚的客家耕读文化传统。2012~2023年，连城培田连续12年成功举办"中国培田春耕节"，游客通过参与体验各种农耕活动，了解传统农耕文明，感受乡愁。该节庆活动每年都能吸引数以万计的游客，目前已获评"福建省优秀创意旅游产品"，并成为培田古村落的旅游"名片"之一。

每年的春耕节虽然主题不同，内容却十分丰富。一是神农巡游。村民们从文武庙中将神农像请出，在热闹的十番乐队、长长的旌旗队的引领下，男女老少敲着盘鼓腰鼓。村民们抬着神农像在古村落中游行，热闹非凡。祭祀神农是春耕节重要环节之一，每到春天播种之前，培田人会举行祭拜神农的仪式，在供奉着神农氏的供桌上，人们摆好五谷杂粮和三牲，村中的长者诵读祭文，纪念古圣先贤，敬拜大地，表达人们风调雨顺、五谷丰登的美好愿景。二是农事体验。包括进行春耕祭祀仪式、春牛开犁、播撒种子、插秧莳田、泥潭抓鱼、稻田艺术建造、收割油菜花等。三是亲子活动。在古村广场、古祠堂、古戏台、古宅子里同时进行，体验活态客家耕读文化。包括抬扁担、学打连城拳、吟诗作对、做灯笼、剪纸、雕版印刷等。春耕节活动时期吸引了众多游客前来探寻客家耕读文化，体验春耕播种希望。在培田村连片的农田里，当地村民正在和游客一起忙着犁田、除草、插秧……大家捋起袖子，挽起裤脚，下地体验农事活动，一方面游客们能切身感受"春种秋收"的自然规律与生态农耕劳动之乐。另一方面，游客们不顾满身的泥浆，在田里快乐地追鸭、抓鱼、捞泥鳅，拥抱自然，开心治愈。在尽享农耕"狂欢"的同时，游客们还饱览了培田古民居山环水绕、钟灵毓秀的风貌，感悟培田"耕读并作、天人共生"浓厚的乡土文化。

耕是衣食之本，读是进取之道。连城通过挖掘乡土历史文化资源，恢复和创新春耕庆典传统，在喜庆欢乐激情洋溢的民间农事活动中，让前来培田古村的各地游客既体验原汁原味的乡土耕作方式，又充分感受古村培田的无穷魅力，进一步增进人们对乡土的认同，重拾人类对土地和自然的尊重。

（二）古村夜游梦中老家

培田村利用科技手段，结合当下最受年轻人欢迎的旅游产品，推出培田"沉浸式"夜游项目，打造特色夜游体系，点亮夜经济。

1.打造特色夜游体系，重启培田新夜色

培田"沉浸式"夜景工程从夜景美化亮化角度出发，采用新科技、新技术、全息投影、沉浸式等新艺术手段，为观者带来一场奇幻新颖、有视觉冲击力和震慑力的沉浸式体验。一是设计节点有考究。围绕培田古名居独特的旅游线路，从古街到古巷，营造戏化场景。根据不同的设计区域设定不同的演绎节点。通过节点的不同主题，演绎一场从古至今以及未来幻想元素的视效大片。二是文化植入有内涵。夜游体系从培田的历史出发，从文化的根源性出发，植入培田耕读文化、敬祖崇宗文化、"和"文化等一系列培田的特色文化，深入打造具有文化记忆、人文互动、生活趣味的特色小镇。三是文物保护有原则。打造培田夜游体系的原则之一就是文物结构不允许任何形式的伤害、文物专有的营造语言不允许被破坏、文物传达出的历史气息不可改变。在设计安装前期，设计团队通过细致勘测，因地制宜选择暗藏式灯具亮化，立杆外投，周边非保护建筑外投等方法，既不影响古建筑白天的外观效果，又能尽显夜景魅力。

2.借力"三大圈"，主打"文旅牌"

培田"沉浸式"夜游的设计开发，遵循"刺激消费"的原则，借力"三大圈"，打出适合培田旅游发展的"文旅牌"。一是"历史文化圈"。依托培田古村落的历史文化底蕴和资源，把历史文化遗址打造成夜游看点和亮点，让游客在凝结历史文化的古街走一走，老茶馆里坐一坐，体验古街风情，顺便购买一些特色文创旅游产品，从而促进旅游消费。二是"休闲娱乐圈"。培田夜景正式开放后，旅游景区内的演艺活动也相继开展，比如官厅、都阃府、衍庆堂等都结合当地的历史特点，开展特色活动，借此调动游客的参与度和互动性。三是"特色餐饮圈"。想留下来就能住下来，玩累了还能吃夜宵，这也是夜间旅游拉动经济的关键。培田对办夜间经营场所的企业和经营者给予政策扶持，将一些分散的夜间旅游产品串联起来，形成美食一条街、小吃一条街等，借此拉动培田夜间经济。

2022年，培田古村落实施完成"沉浸式"夜游项目，全力打造培田夜游体系，树立培田村"白+黑"的旅游新风向。夜景工程的投入使用，进一步丰富了培田村的旅游业态，提高了培田旅游的夜间人气。自夜经济开展以来，培田村落在五彩缤纷的光影映照下，尽显别具一格的韵味，着实令人惊叹不已。有诗吟道：夏夜民居耳目新，灯光变幻莫非真。出奇疑是飞天舞，凡众争相试问询。

培田古村落景区打造夜游项目，推出灯光秀、汉服体验、旗袍秀等活动，结合特色美食文化，大力发展夜间餐饮、夜景休闲游等"夜经济"，吸引了众多市民前来游玩。沿着古街漫步，廊桥独艳，水车声声。由新媒体技术以及节能高效新颖的发光二极管（LED）产品组成的灯光夜景充分融合了培田古民居的文化特色及建筑风貌，它们形态各异、璀璨夺目，与前来游玩的行人相融，形成一道亮丽的风景线。如此近距离夜场光影体验，令传颂千年的人物故事悠然而现。已然，培田再次踏上新时代乡村振兴的列车，尽显不凡魅力，其变幻自然引发热捧，渐而成为新网红打卡地。

（三）芷溪村游花灯

芷溪村游花灯历史悠久，是第二批国家级非物质文化遗产——闽西客家元宵节庆之一。游花灯是为了祈福，同时也可以增进亲友邻里的感情。如今，村民还通过花灯宣传计生国策、家风家训、社会主义核心价值观等，给花灯赋予了时代的内涵。芷溪村游花灯是一方水土养一方人的乡愁记忆，也是祈求平安幸福、家业兴旺、共享美好的理想追求，这一具有300多年历史的独特年俗一代代传承下来，吸引了众多游客和摄影爱好者到芷溪村来观看。芷溪花灯制作传人、省级非遗传承人黄世平："我们制作花灯的意义，第一，'灯'和'丁'是同音字，也就是希望我们家族能添丁。第二，花灯巡游，独占鳌头，也就是希望读书人考到状元。第三，通过花灯出游增进团结，促进邻里间团结和妯娌间的团结。"

（四）姑田游大龙

"2022中华体育文化优秀项目"名单中，连城的姑田游大龙再一次入选。这也是福建省唯一2020~2022年连续三年获评的优秀民俗民间项目。"一夜龙游天下晓，三声统响九州知。"姑田游大龙始于明朝万历年间，至今已有400多年历史，意在祈求风调雨顺、五谷丰登，是国家非物质文化遗产。每年元宵之夜，巨龙出游，无比壮观，素有"姑田大龙甲天下"和"天下第一龙"之称。2012年，姑田游大龙以791.5米打破了世界最长游行花车纪录，成为名副其实的"天下第一龙"。

据历史记载，清代至民国年间，姑田便有12条大龙，分布在姑田镇的11个村，并形成了邓垦村的龙"老得好"，中堡村的龙"长得好"，华坑村的龙"高得好"，下堡村的龙"画得好"，城兜村的龙"抬得好"的特色。清乾隆年间，姑田大龙，举过头顶足有3米多高，大龙每节由5个青壮年轮流抬举游动，而硕大龙头由3个人擎着、1个人前面看路、4个人用绳子从四方拉住，8个人共同努力方可平稳前行，出游时神统引路，配以锣鼓，十番音乐，或蜿蜒于乡间村野，或穿行于大街小巷气势宏大，场面壮观，所到之处，家家门前燃松明、点香烛、摆果茶、放爆竹，迎接"龙降人间"。

连城姑田每年正月十五都有游龙的习俗，下午四点半左右，烟花礼炮的轰鸣闪烁，铁铳轰响使整个姑田镇沸腾起来，在百余面的彩旗队、灯箱队的引领下，十余支十番乐队、鼓乐队奏响欢乐的曲调，一千多名当地中青年壮汉抬着"天下第一龙"出游。"神龙见首不见尾！"雨雾缭绕中巨龙遨游，别有一番风景。姑田的龙头、龙身、龙尾共102节，近500米长的长龙，畅游在集镇、村庄、田野的龙路上，场面蔚为壮观。沿途数万游客趋之若鹜，顾不上田野的泥泞、道路的湿滑、山丘的坎坷，簇拥相随。当地客家民众家家门前燃松明、点香烛、摆果茶、放爆竹，迎接"龙游大地，喜到人间"。长达数公里的游龙队伍蜿蜒于村落田野间，腾挪起伏，活灵活现。即使细雨不断，路面湿滑，抬龙身的村民仍会合力护着龙身，一起守护着客家人精神的图腾。

（五）四堡雕版印刷

四堡雕版印刷业始于南宋，《临汀志》载，南宋时临汀郡斋刻有《古灵先生文集》《嵩山集》等书。至明成化间，四堡马屋村的马驯官至二品，宦迹全国，他告老还乡后倡修族谱，刻诗文。其后，明万历八年（1580年），雾阁村的邹学圣从杭州带回了更先进的印刷术，四堡雕版印刷业于是发达起来，至明末清初，发展成为赫赫有名的全国四大印刷基地之一。近年来，连城加强对四堡雕版印刷历史文化的挖掘、整理和传播，实施了古雕版、古书籍及印刷工具等三级以上珍贵文物的征集工程。据介绍，雕版印刷文物年代久远，散落民间，良莠不齐。因此，征集的文物须通过省文物鉴定中心的现场评估，确保精益求精。目前，已征集三级以上珍贵文物158件（套）。让一项古老的技艺"复活"，传承发扬是必由之路。2001年，幸存的四堡古书坊建筑群被列入了全国重点文物保护单位。四堡50余处"国保"单位，目前已有12处完成修缮，另有8处正在施工。同时，连城也在致力于建设雕版印刷流程馆传习中心，实施古书坊周边环境整治工程、雾阁村南龙街立面改造、生态水系改善、防洪堤建设等项目。通过不断完善基础设施，提升集镇整体面貌，使雕版印刷文化焕发出新的活力。

（六）罗坊走古事

连城，地处福建西部山区武夷山脉南段，是闽西客家人的祖籍地。这里还保留着完好的元宵节民俗，而连城的罗坊乡，元宵节更像是一场盛大狂欢节，因为在这里，有一种叫作"走古事"的大型民间祭祀活动，已经延续了几百年。

走古事究竟是如何发展的呢？走古事这一传统据说来自湖南，古代连城罗坊常闹旱涝两灾，当地举人把流传于湖南的"走古事"移植过来，以祈求风调雨顺，国泰民安，后来慢慢变成了元宵汉族民间娱乐活动，自此流传延续至今。

每年走古事都会在农历正月十四、十五举行。"走古事"有七棚，所谓"棚"，即扮演古事的轿台。每棚古事有2名10岁左右的男童按戏曲装扮，脸上画上脸谱，身穿戏服，一名主公，一名护将。七棚人物分别是领先的天官、武将；后面依次排列为李世民、薛仁贵、刘邦、樊哙、杨六郎、杨宗保、高贞、刘备、诸葛亮、周瑜、甘霖。主公要直立在一根铁杆上，踩高跷时腰身用铁圈固定；古事走起来摇摇晃晃，惊心动魄；护将则坐在轿台上，用手托起主公，形成两个层次。轿台是由木柱镶成的方形框架，四周饰以精美的画屏、两根轿杆，每棚200多千克，需用22人抬。

第三节 上杭：打造寻根文化旅游的南方样板

上杭县位于福建省西部，南邻粤东，北近赣南，东接龙岩，西连武平，上杭县城处于"客家母亲河"——汀江中游的黄金地段，又因地形略似桃心，故素称汀江之璀璨"明珠"，如图3-3所示。清末著名爱国诗人丘逢甲为上杭写下"东南山豁大河通，汀水南来更向东。四面青山三面水，一城如画夕阳中"的壮美诗篇。上杭素有"诗画之乡""山歌之乡""木偶之乡""将军之乡""建筑之乡""体育之乡"等美称。近年来，上杭依托客家族谱博物馆、瓦子街等景点发展客家文化旅游，并先后荣获"中国优秀旅游县"、全国十大"县域旅游之星""全国休闲农业与乡村旅游示范县"等称号。2022年，上杭县实现文旅产值121.56亿元，其中，文化产值61亿元，旅游产业产值60.56亿元，全年旅游接待人数728.86万人次。

图3-3 上杭全景图

一、寻根文化与上杭寻根文化资源

（一）寻根文化

寻根问祖，是人的一种本性、一个情结、一份真情。有些人离乡多年，有些人在外地长大，有些人不知道自己真正的故乡……而故乡寻根游就是根据这些人的需求应运而生的。寻根问祖的过程，也是寻梦之旅。它不仅是寻找族谱，寻找族群，寻找先祖，寻找亲人，也是寻找家族之梦、民族之梦，更是一种家国情怀。或为过去繁盛的家族而骄傲，或为祖先的创业而感动，或为长途的迁徙而震撼，或为百折不回的壮举而崇仰，得到的是祖先创业不易、后人定当珍惜的结论，产生的是唯有勤勉才能生存、唯有奋斗才能兴业的省悟，激发的是不忘祖训、振兴民族的内生动力。

水有源，树有根，血缘和宗族观念，需要代代传承。家族意识和孝悌观念，可以说是中华民族传统美德亘古不变的价值观。心中有家才有国，小到家族，大到国家，正是宗族和血缘让人们的认同感、荣誉感凝聚在一起，不断地发展和壮大。也正是优良传统，让我们又一次得到培育，既让在外的游子落叶归乡，又使传统文化得到传播和传承，还进一步推动了城市的发展。

（二）上杭寻根文化资源

1. 客家人繁衍生息的密码——客家祖谱

族谱是记载以姓氏为"源代码"的宗族表册文书，又称宗谱、家谱、家乘，是一个家族或宗族的世系表谱，是强调家族的血缘关系、维护家族势力、防止家族离散和瓦解、维系家族制度、承载家族文化的重要载体和纽带。随着民系的不断迁移，如何凝聚力量对抗迁移地土著民的文化排斥和传统文化传承，是一个十分重要的问题。客家人的族谱就起到了加强民系内部团结和继承发扬客家精神的作用。所以，客家地区几乎所有的姓氏，都会通过修建宗祠和编修族谱缅怀祖上恩德，加深族人之间的联系。按照客家传统，家中喜诞儿子，都要挑一个良辰吉日，在族谱加上其名字，谓之"上灯"，并且大宴乡绅亲朋，隆重其事。因为在族谱上添丁一笔，是宗族血脉延续的最直接反映。客家人重视谱牒，所谓"崇正报本，启裕后昆"皆以谱牒为寄托依据。在海外客家人的"寻根热"中，许多姓氏的后裔纷纷组团前来中国大陆，要求在大陆的宗亲提供氏族流源、世系等资料。有的甚至出资或亲自组建家谱编修局，续修族谱。

在闽西客家各县中，上杭县对族谱整理的热情是最强烈的。其中原由：一是作为众多客家姓氏的发祥地，闽西上杭保存有大量的客家一世祖的祖祠、祖墓和祖屋，而各姓氏薪火相传的族谱众多，根据迄今可稽考的族谱记载，历史上曾有30多个客家姓氏的始祖是在上杭境内开基，后裔再从上杭瓦子街迁徙到广东、四川、台湾等地。二是与明清之际大量上杭客家人外迁有关，外迁的客家人后裔每年都会前来上杭追本溯源。据馆藏义宁州客家族谱文献记载，清初，正值清政府组织的"湖广移四川"移民运动开展不久，江西义宁州亦颁布了"奉谕招民"垦荒优民政策，在此背景下，大量闽、粤、赣客家人迁徙义宁州。资料显示，至康熙末年，入迁义宁州者近万丁，上杭客家迁入人数最多。上杭客家移民在稍作安定后，便修撰族谱，续血脉，如邱氏家谱有载：清乾隆年间，上杭中都（旧称：来苏里）邱惟乾，又名明光，携子邱仲辉由福建汀州上杭胜运里，迁入今黄沙镇老鸦山湖洞立业居住。稍作安居，邱明光便"远寻谱系之源，特千里回闽以订家乘"，以续"此根本之所以亲切而昭著也"。始祖多、后裔外迁多、来寻根续谱者多，使得民间和政府均重视族谱的整理与保存。截至2007年7月，上杭县图书馆经十多年来不断悉心征集闽、粤、赣和台湾等地的客家人族谱、文书、契约、祖图等历史史料，纳入版藏的115个姓氏的1600多部客家人族谱堪称国内之最，已成为研究海内外客家人迁徙历史和海峡两岸客家人血缘关系的珍贵史料。

不要小看这一本本充满文字的族谱，它产生的影响可不小。近年来，上杭县充分利用客家祖地和馆藏血缘文化与闽台地域文化进行深度交流与对话，为包括台湾同胞在内的客家乡亲、专家学者提供寻根探源、族谱对接、科学研究等服务，以鲜明的特色、丰富的活动和卓有成效的工作成为上杭县乃至福建省独特响亮的客家文化名片。2021年，"祖宗的叮咛——客家祖训文化暨书画展"入选国家文物局"弘扬优秀传统文化，培育社会主义核心价值观"主题展览项目，得到福建省、市、县各级媒体及《中国文物报》《人民日报》、新华网、学习强国等新媒体深度报道，各种媒体的点击量均超过10万人次，产生了较大影响。该展吸引了上万家长、学生前来参观，线上展览点击数达5000多人次。

2. 宗祠

上杭县是客家祖地，是客家民系发祥地，遗存有30多个客家姓氏的始祖家庙宗祠500多座。家庙宗祠俗称祠堂，是供奉祖先和祭祀的场所，是姓氏家族的圣殿，记载着姓氏家族的辉煌与传统。客家人秉承了汉民族慎终追远、崇宗重本的传统，极其重视祠堂的建造。祠堂文化是不可再生的文化遗产，数量众多的宗祠里，凝集了传统建筑艺术的精华，流传着许多历史名人的故事和民俗文化、民间艺术。祠堂文化在漫长的历史长河中，以"敬宗睦族"为核心理念，发挥着重要的社会功能，是客家祖地历史文化的重要组成部分，是中华民族悠久历史和儒教文化的象征与标志，具有无与伦比的影响力和历史价值。上杭建造祠堂的起点可以追溯至宋代，此后历朝历代，星罗棋布分布在上杭各乡镇，有不少在县志、谱牒中记载的祠堂已经消失。经普查建档，现存图样和简介并保存比较好的祠堂共有578座。全县列入文物保护单位的祠堂有11座，仅占全县祠堂总数的1.9%，其中国家级文物保护单位有古田廖氏宗祠、稔田李氏大宗祠2座，省级文物保护单位有临江丘氏宗祠、白砂严氏宗祠、庐丰蓝氏家庙、古田赖氏家庙4座，县级文物保护单位有临江郭氏家庙、庐丰江氏家庙、蛟洋寅山祠（华氏祠堂）、蓝溪廖氏公祠、中都叶氏宗祠5座。所有祠堂中最有名的是李氏大宗祠和丘氏宗祠。

李氏大宗祠坐落于福建上杭稔田镇官田村。始建于清道光16年（1836年），由李氏后裔为纪念其入闽始祖李火德所建，被誉为"客家第一祠"。李氏大宗祠是中国客家地区在海内外最具影响力的宗祠之一，是上杭客家祖地与海内外李氏后裔的血缘纽带，是李氏根之所在。其后代宗亲遍布闽、台、粤、桂、赣及菲律宾、印尼、马来西亚等东南亚各国，是重要的对外交流纽带。180多年来，李氏后裔们每年春分时节都在这里寻根谒祖。2013年5月，李氏大宗祠被国务院公布为第七批全国重点文物保护单位，2015年1月，李氏大宗祠入选第四批国家A级旅游景区名单，晋升为国家3A级旅游景区。

李氏大宗祠建筑风格非常独特，形同一张大网上的蜘蛛，四周群山叠翠，风景秀丽。李氏大宗祠系三进四落式的砖木结构建筑，占地面积为5600平方米，聚圆楼和方楼为一体，融宫殿建筑和客家民居于一体，布局合理，精美堂皇，气势磅礴。从高空看，李氏大宗祠呈蜘蛛结网形，李氏大宗祠是蜘蛛的身躯，周围的田镇田埂就是它分布出去的网，蜘蛛结网意味联结天下，所以李火德的后裔也遍布天下，但不管走多远，它必须回到蜘蛛网中来。这座结构严谨、气势非凡的宗祠造型，在福建极为罕见，不仅是李氏后裔寻根谒祖的圣地，也是珍贵的建筑文化遗产，充分体现了客家宗法制度的建筑艺术，是福建"福"文化百花园中的一块艺术瑰宝。

"丘氏宗祠"坐落在上杭瓦子街解放路，早年为海内外丘氏后裔纪念客家丘氏开基始祖丘三五郎的宗祠。建于清嘉庆二十年（1815年），属典型的清代古建筑，如今虽经190多年风雨，仍保存完好，是一座典型的客家"三堂出水"围屋式古建筑。据《丘总祠纪略》载，这里原是明朝经筵讲官监察御史丘练塘（道隆）的故宅。道隆、道充、道明三兄弟均为朝廷高官，有"一门三大夫"的美誉。后因家道中落，此宅典卖出去，清嘉庆二十年，才由上杭丘氏合族捐银赎回，创建上杭丘氏宗祠。

丘氏宗祠供奉的是闽、粤、赣、台等地丘氏太始祖三五郎公。经过1000多年的繁衍播迁，其后裔已遍布祖国十几个省以及东南亚乃至欧美等地。总祠前有座"荣褒豸史"石牌坊，格外引人注目。"豸"，传说中的神兽，性忠，能辨曲直，又敢与不正现象斗。"荣褒豸史",就是表彰执法公正的监察御史丘道隆。

二、以文旅融合驱动寻根文化的创造性转化

（一）打造瓦子街

2017年1月11日清晨,中央电视台体育频道《体育晨报》栏目播出了上杭县太极热专题节目《千年古城太极传承》,时长近5分钟。陈正雷、崔仲三等国内知名太极大师也纷纷走进上杭的瓦子街、孔庙和古田会议会址等,将客家文化和红色文化融入太极拳中。瓦子街,位于今福建上杭县,是海内外相当一部分客家人（例如,韶关一带客家人,以及粤西、桂东南一带自称涯话人的客家群体）族谱上记载的祖籍地,如图3-4所示。上杭是客家民系成长的摇篮,在客家民系播迁发展中,是继客家民系宁化石壁之后的另一个"祖居地",是众多客家姓氏的发祥地,而瓦子街是客家先民南迁的重要标志之一,是世界客家的一个重要文化符号,是海内外客家人精神家园的象征,其现已成为客家后裔寻根谒祖的热土。"瓦子街"这个名字,在从上杭外迁姓氏的子孙后代中传承,他们甚至不知上杭,却记住了"瓦子街"。于是,这个名字让外迁的客家姓氏后裔一直记在心中。如今,循着这个名字,他们不远千里万里来到上杭,寻找自己祖先的足迹,缅怀祖先开疆拓土的业绩。

图3-4 瓦子街全景

为什么叫瓦子街？它有哪些历史与文化呢？

这就要说到汉人的南迁。中国历史上,汉人南迁的现象持续了很长时间,规模最大的有两次,一次是魏晋南北朝时期,另一次是两宋时期。闽西的客家

人，大部分属于后者。当时有一支从中原来到上杭的汉人，集中住在县城附近的郭坊村，即现在的瓦子街。这就是最初的上杭客家人。

"瓦子街"之名的由来，有两种说法。一说源于宋代的"瓦文化"。有学者著文介绍，宋时，瓦亭之下，五七文人，饮酒品茗，赋诗填词，另有表演曲艺、杂剧和杂技的店家，于是产生了"瓦文化"，亦称"瓦舍""瓦子""瓦肆"。因此认为，上杭的瓦子街，其文化滥觞于宋代。另一说，瓦子街繁荣于明洪武至万历年间（1368~1619年），老百姓沿街而居，烧制砖瓦，就地取土。"断砖可用，碎瓦弃之。"久而久之，弃瓦成堆，成了瓦子坪。坪上陆续建起民房，便出现了瓦子街。上杭瓦子街始于宋元，盛于明清，是客家人难以忘怀的共同记忆，自此，瓦子街便成为祖居地上杭的代名词。但《上杭县志》和《上杭县地名录》等文献并无"瓦子街"的记载，但由于瓦子街是客家民系祖居地，"瓦子街"具体位置一直饱受关注。经探讨，专家学者们提出：据民间口头传说，在县城有岭子头上（今泰阳广场南侧）、雷坪里、居仁巷与杭中路之间、岗背街（今人民路中段）、今人民路北段以上至和平路一带和解放路东段等近10处，有过去曾称为瓦子街（巷、坪）的地段。

2011年，上杭县政府在组织专家考证基础上重建瓦子街，创新性地将客家文化遗存与新型旅游元素融为一体，打造多种文化旅游业态，为世界客家乡亲提供了一个寻根谒祖、旅游观光的崭新平台。

现瓦子街位于上杭城区汀江北岸，全长420米、宽36米，乃上杭县内集文化、旅游、娱乐、购物于一体的步行街，热闹非凡，凡到上杭的外地游客，几乎都要来此参观。它是省级历史文化街区，街区靠近江滨路、北大路、人民中路及建设路、西门老街等综合业态街区，是上杭最繁华的商圈集聚地之一，是非物质文化遗产活动的主要场地之一，经常举办非遗文化展。瓦子街内及周边有文庙、紫阳书院、流芳坊、太忠庙、时雨碑、阳明亭等古迹。

瓦子街内矗立着一座精雕细刻的古代石构牌坊——流芳坊，上书"恩荣"二字，建于明正德九年（1514年），距今已超过500年。这是明武宗为了表彰吴谷用和他的儿子吴湘在科第功名上的建树而赐立的。吴谷用官至奉义大夫、南京户部郎中，吴湘则是南京户部贵州清吏司郎中。父子俩在科第功名上的贡献和他们一生的重要作为皆已不得而知，倒是这座牌坊的存在，确实让他们得以"流芳"至今。

走过流芳坊，便是太忠庙，此庙供奉的是唐代著名人物张巡。张巡，河南南阳邓州人，中过进士，当过地方官，勤政爱民。安史之乱时，他率领军民誓死守卫睢阳（今河南商丘睢阳区），多次击退叛军，终因寡不敌众，英勇战死。后人为了纪念他，建了这个庙。庙门两旁的对联是："千载睢阳留碧血，万家玉烛照丹心。"此庙不知始建于何时，但明嘉靖二年（1523年）被毁倒是有记载。后经多次修缮，得以保存至今。张巡并非福建人，睢阳也在福建之外，为什么上杭县要建太忠庙纪念这位唐代英杰？这很可能与南迁于上杭的张氏族人有关，他们虽然离开故土，仍不忘家乡那些有功于社稷的古代英豪。

太忠庙前有座阳明亭，2010年年底新建，纪念的是明代杰出思想家王阳明。提起这事，就要追溯到明正德十二年（1517年），那时漳州一带出现暴乱，王阳明奉命平叛，队伍驻扎在上杭县城。这期间，他为当地做了两件深得民心的好事。一是修建浮桥。原来过往汀江靠摆渡，极不方便。王阳明决定修桥，并很快落成，这就是著名的阳明桥。另一事则是祈雨。这年三月，上杭遇到罕见的大旱，王阳明虔诚地替老百姓祈雨。巧的是上杭果然连日普降大雨，旱情随即解除。应当地乡绅之请，他欣然写下了《时雨记》，并作《上杭喜雨》诗三首，其一云："山田久旱俄逢雨，野老欢腾且纵歌。莫谓可塘终拟险，地形原不胜人和。"为了感恩王阳明，嘉靖三十七年（1558年），上杭县建文成公祠，内置王阳明手书的《时雨记》碑。由于文成公祠已不在，所以便兴建了阳明亭。《时雨记》碑则因字迹模糊，被移至附近的文庙保护。

瓦子街，蕴藏了太多优秀传统文化的故事和传说。瓦子街对于吸引游客方面有很多想法，通过临街立面、路面、管网、夜景及景观节点提升，街区街貌焕然一新。目前引进了茶馆、非遗、地方美食、休闲餐饮、古玩字画、糕点烘焙、陶艺研学、金银珠宝、文化创意、休闲养生等业态，逐步形成集游、娱、吃、购、商、服、学为一体的夜游经济商圈，大幅提升了上杭城市形象和品位。

距离瓦子街不远，就是上杭文庙，整座文庙端庄雄伟、布局严谨，是文人墨客聚集的地方。说起它，有必要介绍一下上杭建县历史及县城的变迁。宋太宗淳化五年（994年），上杭由"场"升格为县，县城仍在高陂北山。此后，经过多次迁徙，直到宋孝宗乾道三年（1167年），"知县事郑稷，以县治四迁，屡经残劫，皆由治非其所，奏徙来苏里之郭坊"，县城从此没有再变迁。这座保存较为完整的古代学宫，给人的印象是，布局严谨，巍峨壮观，气势宏大，雕塑技艺极为高超，不愧是古建筑之精品，现已成为省级重点文物保护单位。凡文庙，必有"下马碑"。上杭文庙也不例外。所谓下马碑，上刻"奉旨一应文武官员军民人等至此下马"十几个字。在独尊儒术的封建社会，这是皇帝对孔圣人尊崇之表示，无人可及。

在文庙的旁边还有个华喦美术馆。华喦，祖籍上杭，原名德嵩，字秋岳，号新罗山人，清代"扬州八怪"之一。上杭人对这位老乡情有独钟，专门为他塑了尊雕像，置放于流芳坊前。外地人一进瓦子街，就能看到这位诗、书、画三绝的艺术家，并留下深刻印象。

（二）建设族谱馆

客家族谱博物馆的建设缘起于1993年开始的我国台湾地区客家乡亲寻根，发展于客家人特别是我国台湾地区客家乡亲的族谱对接需求。客家族谱博物馆坐落于福建省上杭县临城镇龙翔村"客家缘文化中心"，前身为上杭县图书馆地方文献室，始于1993年为台湾地区客家乡亲的寻根服务而开创的特色藏书体系。2000年5月，为方便台湾地区客家人寻根与族谱对接需求，成立上杭县图书馆附属馆客家族谱馆。2011年10月更名为客家族谱博物馆。2015年，客家族谱博物馆设立备案并被纳入国有博物馆管理体系。2018年9月18日，客家族谱博物馆获评国家三级博物馆。

客家族谱博物馆的独立设置，是对原有族谱文化服务功能的一个创造性转化，它集收藏、展示、研究、交流、服务和博物馆旅游业态等于一体。截至2018年9月，客家族谱博物馆藏有闽、粤、赣、川、桂、台等客家地区153个姓氏、2900多部、20000多册客家族谱，并藏有19000多份客家契约以及百余幅祖图等宗族文献档案。客家族谱博物馆是海内外规模最大、藏品最丰富的客家族谱收藏中心和研究交流基地，是客家人主要的家族史料收藏单位，是中国唯一的收藏客家族谱的专题博物馆。客家族谱博物馆是两岸四所高校的客家族谱研究教学实践基地。2017年，福建省台办正式批准客家族谱博物馆为首批福建省对台交流基地。

客家族谱博物馆有哪些作用呢？博物馆是利用其馆藏血缘文化，为包括台湾同胞在内的客家乡亲、专家学者提供寻根探源、族谱对接、科学研究等服务，成为福建省对台工作的新亮点和开展两岸文化交流的重要基地，不断吸引更多台湾同胞回大陆寻根谒祖，促进台湾乡亲对"根""祖""脉"的认同。

2017年10月客家族谱博物馆成为福建省首批对台交流基地，2021年获评闽台职工交流基地，还是福建省海峡儿童联谊交流基地，台湾联合大学、华南理工大学、赣南师范学院、龙岩学院两岸四所高校"客家族谱研究教学实践基地"。

每逢节假日，客家族谱博物馆内游客便络绎不绝，许多外出返乡的乡亲趁着假日携家带口前来参观，其中不乏回乡探亲访友的港澳同胞及海外乡亲。

第四节　武平：民间信俗文化旅游独具特色

武平县地处闽、粤、赣三省接合部，南与广东省梅州市蕉岭县、平远县相邻，西与江西省赣州市寻乌县、会昌县接壤，具有"一脚踏三省、三省一日还"的特殊区位。武平县是纯客县，是闽、粤、赣边客家大本营的重要组成部分，其历史文化底蕴深厚，原生性民间信俗资源丰富。近年来，武平县充分发挥祖地优势，全力培育集文化研究、民俗体验、旅游休闲等为一体的文化品牌，进而以品牌带动旅游、经济和文化一体发展，着力构建"海峡两岸文化旅游圈"。

一、依托祖庙打造旅游景区

古村灵岩，是连接广东、福建的交通要道和贸易集散地。宋朝时，这里商贾云集，十分繁华。明朝时，为抵御外侵筑起了城墙，"岩前城"的名称由此而来，城中心地带的"岩门首"因有定光古佛改名为"灵岩"村。一村之中有仙有佛，且均影响深远、信众众多、千年香火不绝，实属罕见。故武平以千年古寺均庆寺为核心，打造出一个国家4A级风景名胜区——狮岩景区。该景区占地面积约99900平方米，以千年古寺均庆寺为核心，由狮岩、古佛殿、仙佛楼等景点构成。

狮岩定光佛景区就位于灵岩村中，在灵岩村中心平地上耸立着一座巨大的岩石，岩石下方有一大岩洞，宽敞高耸，可容数百人，形似一头昂首张口的雄狮，素有"一峰狮子吼，万象尽皈依"之说，故名狮岩，古称南安岩，曾入选中国36个名胜风景区之一，被载入《中国名胜词典》而闻名遐迩。狮岩洞口有块硕大的椭圆形石头恰似狮子的舌头，狮口岩洞弯弯曲曲直通岩石北面，在洞口藤蔓和树荫中可仰望蓝天，称为"通天第一洞"；洞口崖壁上刻有明万历年间武平县知事成敦睦的题字"人世蓬壶"，题字方正厚重，苍劲有力。狮岩底下有两股清流交汇，如玉带环绕其下，由狮岩口入洞。狮岩脚下是始建于北宋乾德二年、重修于乾隆十六年（1751年）的"仙佛楼"和"均庆寺"。整座狮岩，**洞、寺、庵、殿连属**，楼阁殿宇巍峨。

（一）五缘楼

因闽台之间"地缘相近、血缘相亲、文缘相承、商缘相连、法缘相循"，**将此楼命名为"五缘楼"**，也是意蕴着闽台关系源远流长、同根同缘。五缘楼总建筑面积为1573.52平方米。

（二）乐助碑

乐助碑两面记载着960条台湾群众捐资芳名及银两，同时还记载着时间，左边刻着大清雍正十一年（1733年），按推算迄今为止，已有200多年历史，可想而知，200多年前台湾群众与当地群众有着密切的联系和沟通，如今，这块碑石是海峡两岸民间友好往来的历史见证。

二、讲好故事宣传旅游

有故事的风景才能深入人心，让人牢记。武平发动民间力量，讲好故事。据南宋《临汀志》、明代《八闽通志》记载，宋代武平古城有六坊：文明坊、兴贤坊、集贤坊、人和坊、魁星坊、和义坊，其中兴贤坊始建于宋绍兴四年（1134年），有800余年历史。为赓续武平千年文脉，2016年，武平县委县政府决定结合兴贤坊棚户区改造，以"呈现五谷丰登，留住美丽乡愁，打造文化会客厅"为主题。街区建筑呈"清代武平客家建筑"古色古香的风貌特征，融入武平"历史源流、崇文传统、民俗风情"的文化内涵。兴贤坊传统文化街区结合文化与商业，古街布局严谨有序，休闲娱乐区、武平餐饮名小吃区、武平民宿区以及特色旅游工艺品展销区错落有致。在展示非遗文化的同时，集吃、住、游、购、娱于一体，白天精彩缤纷，夜晚流光溢彩。兴贤坊传统文化街区是武平打造的"三线八景"之一，是武平版的"宽窄巷子"，本地人的回忆所在，外地人的旅游首选。其中梁山书院的"武平故事会"与梨园的戏曲戏剧更是别具特色，吸引大量游客前来观看。

（一）武平故事会

梁山书院是武平县仅存的一座清末官办书院。为省级文物保护单位。目前书院每周二晚常态化举办"武平故事会"，在这里你可以静静地聆听武平非遗故事，讲到高兴处，来段客家山歌，或者教你几句"军家话"。

（二）梨园汉剧

如果说在梁山书院你可以静静聆听各种武平故事，了解武平的民俗文化，那么在梨园，品一杯武平绿茶，尝一口武平十八子糕，赏一场闽西汉剧，又别有一番韵味。梨园是国家级非物质文化遗产——闽西汉剧文化展演馆，也是第一批市级示范性非遗传承体验中心。梨园"非遗一台戏"已经成为夜游兴贤坊街区必看的非遗精品剧目。演出节目也以闽西汉剧为代表，融入武平石家拳、闽西十番音乐、客家山歌、客家童谣、客家传统舞蹈以及"上刀山、下火海"民俗绝技等非遗代表性项目，适合兴贤坊传统文化街区室内外展演互动。

"武平故事会"是由武平县文化体育和旅游局、武平县天然文化旅游投资有限公司主办，于每周二晚7：30免费面向公众讲述武平故事，旨在通过挖掘、整理武平本土特色民间文学资源，使本地的民众和外来游客进一步了解武平的民俗文化。此外，兴贤坊梨园在每周三、周五、周六晚7：40开始专场表演，其中有属于国家非物质文化遗产的闽西汉剧、中湍民俗绝技、客家歌舞等特色演出，还有夜空之下酷炫燃情的梦幻灯光秀，承袭市级非遗——武平客家拳文化的功夫墨人武术馆，以及潮味十足的主题文创市集，琳琅满目的手工好物，烹茶趣话的茶楼，温馨古朴的民宿，绝美古风仙气的汉服体验馆等。同时还提供当地特色小吃，也是武平向外界宣传其独特客家文化的重要窗口。目前，"武平故事会"已经举办16场，其形式丰富、生动活泼的演出，深受观众好评，兴贤坊梨园演艺也以自身的独特风格吸引了大量市民与游客前来参观，两者不仅成为市民日常休闲的好去处，在传播当地特色文化的同时也使古老的梁山书院重新焕发生机。

从现代都市重返千年古城只是一墙之隔，一面是古宅风雅，旧时风物，一面是高楼大厦，时尚潮坑。尤论都市生活多么新潮充裕，终究抵不上那古城门、古书院、老物件、老手艺给人带来的记忆冲击，那些受文化熏陶的喜怒哀乐都被具象化。武平兴贤坊传统文化街区结合文化与商业，在展示武平非遗文化的同时，带动了武平县夜间经济的发展，成为武平县的新名片和文化新地标，成为武平县传统客家文化对外展示、沟通、交流的重要平台，成为展示武平特色文化、文旅融合、主客共享的千年古县文化会客厅，成为"看非遗文化，品非遗美食，就到武平新贤坊"新旅游目的地。真可谓：千年传雅韵，一街汇古今。老树开新花，旧城焕新颜。这将历史与现代相交融积淀的兴贤坊，不仅仅是人们重返过去的时光隧道，也是武平再焕异彩的文化旅游名片。

三、举办节庆发展旅游

（一）"上刀山、下火海、捞油锅、赤脚过钉板"

该民俗绝技于2005年被列入省级"非物质文化遗产"名录、2016年被评为"闽西十大经典民俗"。在现场能够看见"捞油锅"绝活现场，表演者将双手伸入沸腾的油锅里，将炸熟的米糕全部捞起，并分发给观众当场食用。"上刀山"绝技表演，表演者光着手脚，沿着36把锋利的钢刀，一步一步地缓缓爬到约 8 米高的"刀山"顶部。随后，相继有数名村民赤脚爬上"刀山"。下火海，就是过火塘，火塘是用砖头垒成的长 8 米、宽 2 米的燃火区，里面铺满木炭，木炭需要烧得通红，表演者赤脚过火海。赤脚过钉板活动中，钉板是长约 2 米、宽约 1 米的木板，上面每隔 2 厘米就有一颗露出 2 厘米长尖头的钉子，一块板上估计有 2000 颗钉子，表演者要赤脚全程慢慢走过。

（二）客家船灯表演

船灯的起源历史悠久，仅凭口传，已有几百年历史，是客家特有的节庆活动形式。船灯表演队伍庞大，有前堂（即打锣鼓的）、打十番、舞船灯的艄公艄婆等。表演时，舱内舱外应配合默契，自始至终给人以"船在水中行，人在船中舞"的韵味。舞蹈动作中则有出水、入水、划船、旋船、会船、拉船、跳船，模拟船在水中行进、急水转弯、抢滩搁浅等动作。

（三）香火龙表演

"龙"全身用稻秆扎成，便于插上点燃的香火，又能遮住粗陋的稻秆，使人赏心悦目。在夜间舞动时，火光闪闪，香气扑鼻，主要动作有滚龙、跳龙、串龙、龙头吻龙尾，最后整条香火龙组成"一"字。

第五节　永定：土楼旅游让世遗永传续

永定是著名土楼之乡，有大小土楼 2.3 万余座，最古老的已有 1200 多年历史。永定客家土楼在中国古建筑中十分罕见，设施布局既有苏州园林的印迹，也有古希腊建筑的特点，是中西合璧的建筑典范。土楼内存有国家级、省级和市级非物质文化遗产项目 50 余个，涵盖传统工艺、民俗、音乐、美食制作技艺等类别。2008 年福建土楼被列为世界文化遗产后，作为世界文化遗产地之一的永定土楼景区名扬海内外。有了世界文化遗产"金字招牌"，加上客家文化源远流长，永定积极引导合理保护和开发土楼周边非遗文化资源，大力实施"旅游+"战略，带动非遗工艺和旅游景区形成相互配合、共同发展，目前已形成集观光、体验、学习于一体的产业集群。在通过开发打造土楼文化特色民宿集群、进行"一河两岸"夜景提升、风情街氛围营造，初溪景区梯田花海和创意网红打卡景点，南江景区红色小延安、观光小火车、鲤鱼园休闲体验等项目的建设中提高游客的参与度和体验感，永定还通过创作文艺作品，广泛宣传旅游资源，加强土楼过夜游业态的提升，做强文旅产业。福建省龙岩市永定区通过实施"旅游+"战略，开展"文化进土楼"工程，改造、建造多处非遗文化保护传承场所；推进乡村产业生态化和生态产业化，保护生态环境、完善乡村基础设施。绵延于山间各村落的永定土楼景区，如今已形成集乡村旅游观光、传统文化体验、非遗技艺研学等于一体的文旅产业集群，带动乡村发展、百姓增收。官方数据显示，永定区2021年接待游客720万人次，实现旅游收入近75亿元。如今，直接或间接从事乡村旅游的人数已占永定全区近一半，人均可支配收入也从2011年的6877元增至2021年的20000元。

一、土楼建筑与土楼文化

土楼是一种适宜大家族居住的、具有很强的防御性能，以土、木、石、竹为主要建筑材料，利用未经焙烧的土、沙质黏土和黏质沙土按一定比例拌合，再用夹墙板夯筑而成的两层以上的房屋。土楼的诞生有特殊的历史背景，自唐宋以来南迁人士来到重峦叠嶂、交通闭塞的山地地带并扎根于此。他们面对着闽南人与潮汕人的矛盾，地方起义军与朝廷的对峙，家族之间的械斗，横行的盗贼，山区中出没的猛兽。为了让家族在此长期稳定地生存下去，他们沿袭中原的夯土建筑形式，结合当地的特殊地理环境建造兼具居住与防御功能的土楼。土楼产生于宋元，成熟于明末、清代和民国时期。宋元时期的永定土楼规模较小，大多没有石砌墙基，装饰也较粗糙，建造形式上呈正方形、长方形，以馥馨楼、日应楼、豫兴楼、月成楼、源昌楼等为代表。17世纪中叶至20世纪上半叶（清代、民国），福建省西部和西南山区居住安全后方形、圆形和府第式等丰富多彩的土楼应运而生，建筑形式渐趋考究，功能也向多样化发展，出现以土楼建筑为主体的村庄。19世纪晚期，受海外文化的影响，在部分土楼建造中得到一定的反映，一些土楼内出现中西融合的建筑形式与装饰，福建土楼达到鼎盛阶段。五实楼、奎聚楼、永隆昌楼、裕隆楼、福裕楼、环极楼、遗经楼、富紫楼、衍香楼、裕德楼、业兴楼、振成楼、振福楼、永康楼、侨福楼、善庆楼、福盛楼等一大批土楼是永定客家土楼在全盛时期的杰出代表。永定土楼聚族而居的建筑，散布于山区，在部分村落则呈现出聚落型分布，在这些村庄内土楼数量多，类型多，文化资源相对丰富，适合旅游开发。

（一）代表性的土楼群

1. 初溪土楼群

初溪村已有600多年历史，拥有福建土楼中气势最为磅礴的土楼群，共有

36座土楼，由5座圆楼和31座方楼组合而成，景区不仅规模宏大，还具备"最集中、最美丽、最古老、最特殊、最知名"的特点，是文化休闲体验的首选目的地。初溪土楼的主要类型有长方形楼、正方形楼、圆楼、椭圆形楼、六角形楼等。被列入《世界遗产名录》的土楼有集庆楼、余庆楼、绳庆楼、华庆楼、庚庆楼、锡庆楼、福庆楼、共庆楼、藩庆楼、善庆楼10座土楼，这些土楼均保存完好，至今仍保留着古代的传统格局。

土楼与村旁的千亩梯田相映成趣，气势恢宏，层层叠叠，错落有致，融山景水色和田园村落于一体，构成一幅天然画卷。1999年2月，这里被确定为县级文物保护单位，并成为永定客家土楼列入《世界遗产名录》的申报地之一。在初溪土楼群，其楼名中间都带有一个"庆"字，意在代代相传，以示人丁兴旺，万事如意。初溪村村非遗资源丰富，较为完整地保留了传统客家农耕习俗。客家土楼营造技艺、客家竹纸制作技艺、客家竹编制作技艺等非遗资源得到充分发掘利用，在"集庆楼"非遗会客厅设有展览室，全面展示传统客家农耕习俗。初溪村相继被评为"中国传统村落""中国美丽宜居村庄""中国历史文化名村""省级革命基点村""省级生态村""市级党建示范点"。

"客家土楼博物馆"——集庆楼

集庆楼位于福建省永定县下洋镇初溪村北面溪边，是全国重点文物保护单位，建于明永乐年间，占地2800多平方米，由两个环圆形楼组成，外圈有四层共200多个房间，鼎盛时期住过50多户300多人。该土楼是永定现存最古老（建于1419年）、结构最特殊（72道楼梯）的圆土楼，经历了近600年的风雨，依然矗立完好。整座楼以隔板分隔成72个单元，方形的厅堂建在楼中间，各单元都设有楼梯，门厅还有一架公共楼梯，上下楼十分便捷，是楼梯最多的圆楼。楼内没有水井，只能从楼旁的河边打水。第四层楼外墙的檐下有4个瞭望台，整个土楼仅有一道大门，易守难攻，防御功能十分突出。全楼木制结构不用一枚铁钉，与厚度近2米的生土墙一道经历了近600年的风霜雪雨，是一处难得的古代建筑典范。

目前，集庆楼一层已初步建成50多个展室，展出雕艺、戏曲、乐器坊、糕饼铺、老药铺、雕版印刷、纺织、书院、酒坊、钱庄、民间服饰、农耕器具等。此外，古代契文、圣旨牌匾、明清文官服饰和用品等也是展出重点。

2. 洪坑土楼群

洪坑村建于宋末元初。洪坑土楼群，是福建土楼杰出代表，土楼群依山就势，选址布局吸收了中国传统建筑布局的"风水"理念，巧妙地利用了山间狭小的平地，注重选择向阳避风、临水近路的地方作为楼址，多坐北朝南、依山傍水。村庄以林氏家庙为中界点，习惯分为北面上村、南面下村两个部分，其中北中南方位的日新学堂、林氏家庙和天后宫构成了洪坑村"三位一体"（学校、祖祠、宗教）重教明理的人文格局。洪坑村现存明代建造规模较大的土楼有峰盛楼、永源楼等13座，清代建造规模较大的土楼有福裕楼、奎聚楼、阳临楼、中柱楼等33座。最具代表性的土楼有"土楼王子"振成楼、经典五凤楼福裕楼、宫殿式方楼奎聚楼、袖珍圆楼如升楼及庆成楼、光裕楼、福兴楼等。

庆成楼内设有永定客家家训馆，展陈着楹联匾额、族谱、图片、书法等，内容涵盖了土楼客家人的祖训、家训、家规，突出展示了客家土楼文化精华，在这里不仅可以欣赏十番音乐、客家山歌表演、体验客家婚俗、民间绝艺，还可以领略全息戏台、裸眼3D光影秀等"盛世光影"。洪坑村自晚清以来，素有八种自然景观，总称为八景。八景包括：东有平场试马、西有笔峰樵唱、南有狮港观鱼、北有石碰听泉，村内则有双溪印月、榕荫消夏、龙颈乘风、星阁吟诗。2012年12月17日，洪坑村被住房城乡建设部、文化部、财政部公布为第一批中国传统村落。

"土楼王子"——振成楼

振成楼，全国重点文物保护单位，又称"八卦楼"。建于1912年，由林鸿超主持建造，占地面积约5000平方米，分内外两圈，距今只有107年历史，保存相当完整，有"土楼王子"的美称。此楼是一座外土内洋，中西合璧的土楼。外圈与一般土楼相同，一楼为厨房、二楼粮仓、三四楼为卧房。内圈则是具有西洋风格的建筑。土楼在设计方面很科学，例如一般土楼随处可见的烟囱，在这里完全看不到，原因是烟囱全埋在土墙中，废气直通4楼屋顶排出。外圈4层，每层48间，完全按《易经》的"八卦图"布局建造，每卦6间。卦与卦之间筑青砖防火隔墙，隔墙中开设拱门，关门自成院落，互不干扰，开门则全楼相通，连成整体。振成楼被誉为"东方建筑明珠"，有"最富丽堂皇的圆楼"之称，是福建圆楼中内部空间设计最精彩、变化最丰富、保存最完好的一座。

振成楼以中西合璧、内部空间设计精致多变而著称，其局部建筑风格及大门、内墙、祖堂、花墙等所使用的颜色，大胆采用了西方建筑美学所强调的多样统一原则，达到了较高的审美境界，堪称中西合璧的生土民居建筑的杰作。振成楼开创了将西方建筑文化融入客家圆楼建筑的先河，振成楼聚族同楼而居的生活模式，反映了客家人传统家族伦理和亲和力。振成楼是世界文化遗产福建土楼的本体楼，于1991年3月被公布为福建省级文物保护单位。

素有"小布达拉宫"之称的宫殿式土楼——奎聚楼

奎聚楼始建于1834年，占地面积为6000平方米，为当地最具特色的土楼之一，从远处望去，整座楼与背后的山脊连成一体，宛如猛虎下山。步入其内，奎聚楼的建筑更具可看性，三堂两落，沿着中轴线主体建筑依势递升，内院套是由祖堂、回廊组成一个小四合院。而处理为两层式阁楼的祖堂前厅，则与后楼的腰檐相连，形成重重叠叠的建筑形体，远观颇有西藏布达拉宫的影子，因此奎聚楼又有"小布达拉宫"的称号。

最经典的五凤式土楼——福裕楼

福裕楼为府第式土楼的代表，为洪坑方形土楼之首，临水背山，高达7层，气势逼人。1880年开始兴建，由清砖砌成，耗资十多万银元，经历三年时间才建成，距今有100多年历史。福裕楼与一般土楼最大的不同为观音厅设在二楼，因为此楼为仿衙门式建筑，因此才将观音厅设在二楼。

宛如米升的最小圆土楼——如升楼

如升楼与福裕楼隔洪川溪相望。俗称米升楼，因规模形状如同旧时民间计量大米、谷子的竹制器皿（俗称米升）。米升楼建于清光绪年间（1875—1908年），林氏民居。坐东朝西，单环，土木结构，高3层，直径23米。每层16开间，内通廊式。底层为厨房、餐厅，不开窗；二层不开窗，设粮仓；三层为卧室。全楼只设一门，楼门、门厅与后厅（祖堂）同在中轴线上。楼内天井中有一口水井。两面坡瓦屋顶，穿斗、抬梁混合式木构架。

3. 高北土楼群

高北土楼群，分布于福建省永定区东南的高头乡11个自然村内。由承启楼、世泽楼、侨福楼、五云楼、北辰楼、庆裕楼、华裕楼、福兴楼、裕昌楼等组成。其中最著名的是位于高北村的"承启楼"。承启楼为一座圆形土楼，占地面积为5000多平方米。全楼由四座同心环形建筑组合而成，外环为主楼，高4层，直径73米。紧邻承启楼的是方形的"世泽楼"，两楼相距不过十米之遥，楼顶屋檐方圆结合，形成一线天式的景观，极具观赏性。离承启楼百米之多的是古老的"五云楼"，五云楼是一座方形土楼，有近600年历史，是高北土楼群最古老的土楼。明嘉靖年间（1522~1566年）始建的"五云楼"，因楼内人口过于密集，于明崇祯年间（1628~1644年）开始建承启楼。18年后承启楼建设完工。20世纪50年代建"世泽楼"，后于60年代又建"侨福楼"等一批土楼，从而形成了今天的高北土群。2008年7月，高北楼群作为福建土楼的组成部分被列入《世界文化遗产名录》。

"土楼王"——承启楼

承启楼，被誉为"土楼王"，是福建土楼中规模最大的圆形土楼，也是知名度最高的土楼之一，全国重点文物保护单位，2010年4月入选上海吉尼斯世界纪录。始建于明崇祯元年（1628年），而后依次建造第二、三、四环，清康熙四十八年（1709年）才全面落成。在夯筑外墙时天气一直很好，工程进展顺利，因此又称为"天助楼"。承启楼共有402开间，最多时居住了800多人。承启楼还有流传比较广的顺口溜："高四层，内四圈，上上下下四百间；圆套圆，圈套圈，历尽沧桑数百年；楼中楼，天外天，住上人口近一千；阴阳八卦布其间，天地人楼合为先。"1981年，承启楼被收入《中华名胜词典》，同年还被列入《世界建筑史》，在广州、深圳的"锦绣中华"、中国台湾"桃园小人国"还展出其模型。1986年，国家邮电部发行的一组中国民居系列邮票，其中福建土楼民居邮票采用的就是承启楼的图案。

（二）独特的土楼文化

1. 土楼及其建造技艺

专家总结土楼有五大特点：一是源远流长，最古老土楼有1300多年历史，唐末宋初以前，永定就有客家先民居住，元以前以"堡""寨"命名的村子或土楼有40多个，元后期土楼已相当普遍。二是千姿百态，因楼主审美情趣、风水理念、人口或经济条件差异，土楼形制种类达30多种，主要有：长方形楼、正方形楼、府第式方楼、殿堂式围楼、五凤楼、五角楼、八角楼、纱帽楼（形似古代的纱帽）、吊脚楼（后向悬空，以柱支撑）、前圆后方形楼、前方后圆形楼、半月形楼、曲尺形楼、走马楼、一字形楼、日字形楼等。三是规模宏大，最大的土楼占地面积达11519平方米，最高的土楼有6层，直径最长的圆楼有84米，"土楼王"承启楼在鼎盛时期居住了800人。四是结构奇巧，中轴线鲜明，大门（除了外大门）、厅堂、主楼都建在中轴线上，横楼和附属建筑分布在左右两侧，两边对称极为严格，以主厅（祖堂）为核心，并以祖堂为中心组织院落，以院落为中心进行群体组合，内通廊式平面，四通八达，全楼所有木结构连成整体，与土墙紧密相连，土墙内埋设大量长木条、长竹片作为墙筋，抗震功能突出。五是功能齐全，一座土楼就是一个"家族小王国"，具有聚族而居、安全防卫、防风抗震、冬暖夏凉、教化育人等多种功能。一座大型的永定客家土楼，如同功能齐全的小社会，被称为"热闹的小城市"、"家族的小王国"。

2. 非遗技艺，建筑神话

永定土楼是伴随客家先民迁入永定而产生的。客家先民为了抵御恶劣的自然环境，经过数代搬迁，又因喜好聚族而居，因此发明了土楼这种营建技艺。它充分吸收了中国传统建筑规划的"风水"理念，巧妙地利用了山间狭小的平地和当地的生土、木材、鹅卵石等建筑材料，以夯筑土墙做承重和围护结构，垒土成楼，不仅节约成本、防御性强，还富有美感。如今，在永定土楼的建筑文化展示馆可以看到各类土楼建筑展示和客家农具展示。现场还有专人进行教学，游客可以体验营造技艺，直观地了解这项非遗文化。此外，通过研学等活动向非遗大师立体全面地学习了解客家土楼营造技艺发展脉络、修复、保护及活化的方式方法；通过土楼建筑空间测绘研习、夯土技艺体验、砌石地基研习、土楼装饰艺术研习，探索先辈们如何巧妙依托山区地势和当地建筑材料进行土楼智慧建造。土楼营造技艺大师们正以守正促创新，以创新强守正，使这门古老技艺重新焕发生机的同时吸引大批游客前来体验。

3. 观赏土楼楹联文化

永定土楼还催生了丰富的楹联文化，这些楹联集教化、观赏、审美于一体，其撰写者大多是社会地位较高的饱学之士，他们与当时的书法名家和雕刻高手联合，创造出有深刻思想内涵和深厚文化底蕴的楹联。这些楹联镌刻于土楼石门框上或者厅堂里的柱子上，或者以油漆直接书写于木门框上。土楼楹联简洁明了，通俗易懂，对仗工整，修辞手法多，读来朗朗上口。字数少的只有四个字，引经据典，干净利索，字数多的有三四十个字。在内容上，主题鲜明，有修身养性的、有励志型的，也有抒情型的……

承启楼的楹联是"承前祖德勤和俭，启后孙谋读与耕"，振成楼的楹联是"振纲立纪，成德达材"，福裕楼的楹联是"裕后光前，福田心地……"都具有教育意义。这也成了先贤留给后人的一份珍贵的文化遗产，教化着一代又一代土楼人。土楼的楹联，或写景抒怀，或励志处世，都继承着儒家文化中的优良品德，而且有极强的包容性，楹联中一些豁达的心态、抒怀与客家人处在深山野林里的现实形成强烈的对比。如果说土楼是一首文化味十足的叙事诗，或是一幅文化内涵丰富的写意画，那楹联就是其文眼或画魂。洪坑村庆成楼的永定客家家训馆，展陈有楹联匾额、族谱、图片、书法和永定客家祖训家规。永定客家家训馆已成为永定区推动文旅融合发展的一个重要案例。

4. 客家非遗技艺

近年来，永定区全力实施"文旅兴区"战略，结合当地深厚的客家文化底蕴和浓郁的土楼民俗风情，大力实施"文化进土楼"工程，积极引入非遗进土楼，开展"看世遗·学非遗"非遗文化进永定土楼研学体验项目，按照"一楼一景致、一楼一特色、一楼一主题"的理念，投入约1亿元建造、改造了建筑文化展示馆、客家家训馆、客家家风楼、客家婚庆馆、民间绝艺馆、万应茶饼原秘方古制法传习所等多处非遗文化保护传承场所，使更多的游客了解永定传统非遗艺术。不断推动"非遗进土楼"工程，使非遗在传承创新中与旅游相结合，增强游客的互动性，使非遗"活"起来，这不仅能够增加景区游览内容和互动性，也能在传承和创新中起到保护传统文化的作用。绵延于山间各村落的永定土楼景区，已形成集乡村旅游观光、传统文化体验、非遗技艺研学等于一体的文旅产业集群。

二、发展旅游让土楼"活"起来

土楼经济在明清时期因烟草而一度繁荣，在清末民初，烟草受洋烟冲击而衰败，加上地处山区交通不便，导致土楼人家生产不兴、生活困顿，到20世纪90年代，多数土楼年久失修，村庄基础设施落后，青壮年大量外出务工。随着旅游业的兴起，尤其是土楼申遗成功后，永定区大力倡导文旅融合发展，使沉睡的土楼"活"了过来。

（一）进行人居环境改造，让土楼干净起来

永定区扎实推进农村"革命四行动"即"厕所革命"、农村垃圾治理行动、农村污水治理行动、农房整治行动、村容村貌提升行动。在此基础上，突出土楼景区重点，开展"两治一拆"农村人居环境整治工作，对危旧房、破败烤烟房、旱厕等危旧土楼、违建进行统一拆除并对裸房统一整治，消除安全隐患，提升人居环境，同时让隐藏在村头巷尾的美丽土楼显露出来。在此基础上完善景区配套基础设施，从河道整理、改水改厕、土楼保护、硬化道路、建设新村等方面大力推进乡村旅游业发展，同时还邀请画家进行壁画和彩绘创作，新建党建文化长廊，宣传法治文明，形成了良好的村风民风，并按照土楼元素对裸房进行立面改造、统一风格，村容村貌日臻完善，营造了文明经商、游客放心消费的旅游环境。

（二）创设土楼文化银行，让资源集中起来

永定区拥有土楼2.3万多座，其中3层以上的大型建筑近5000座，圆楼360多座，但长期以来存在土楼分散化资源难以统计、碎片化资源难以聚合、优质化资产难以提升、社会化资本难以引进等问题。

1. 借智借力，组建"土楼文化银行"

一方面，永定区通过组建"土楼文化银行"，采取赎买、租赁、托管、合

作经营等形式，搭建运作平台体系、推动土楼资源全域整合、实现土楼资源多元化增值、完善土楼资源开发利用链条、强化资源资产价值变现等方式，实现土楼所有权、经营权、使用权"三权分置"，并推行"楼票"制（可入股、抵押、流转），解决土楼集体土地不可流转的法律问题，着力搭建围绕土楼资源进行管理整合、转化提升、市场化交易和可持续运营的平台，打通土楼资源收储、土楼资源保护修缮提升、土楼开发产业资本导入等"三资"转化的关键环节，实现土楼资源的合理化保护利用。另一方面，抓住我国文旅部和省文旅厅对口支援永定的契机，积极对上沟通协调汇报，争取将"土楼文化银行"列入文旅部对口支援重点项目计划，给予文物保护、建筑保护专项资金倾斜支持，为土楼文化银行可持续运营提供资金保障。

2. 集中管理，促进土楼活化利用

积极探索打通土楼资源收储、土楼资源保护修缮提升、土楼开发产业资本导入等"三资"转化的关键环节，由区政府指定区文旅集团负责收储、租赁、托管、赎买全区可利用的土楼资源，加强保护和修缮，并与产业资本对接，推动土楼成为特色展馆、高端民宿等。其中，湖坑镇成立7个土楼租赁专班，对改造价值高、区位优势好的土楼进行租赁，一方面，迁出安置楼内居民，改善生活居住条件；另一方面，摆好民宿招商姿态，做好招商服务，缩短项目落地时间，确保项目签约即可开工，力促尽快竣工投入运营。

（三）实施"土楼+"策略，让业态丰富起来

永定以土楼资源为依托，做大品牌，深入推进旅游业发展。除永定土楼建筑是世界文化遗产外，永定还拥有客家土楼营造技艺、闽西客家十番音乐、永定万应茶制作工艺、闽西客家木偶戏等国家级非遗项目4个，永定客家山歌、永定土楼楹联省级非遗项目2个以及永定客家家训文化等市级非遗项目38个，是客家耕读传家文化的集中展示区，也是客家人生活的体验地。福建土楼博物馆于2014年试开馆，是世界文化遗产专题博物馆，客家文化展示交流、研究和传习中心。在这里，游客可以了解土楼发展历史和高超的土楼建筑技艺，还可以体验丰富多彩的客家文化。近年来，永定大力实施了"文化进土楼"工程，促进土楼和客家文化的保护与传承，提升土楼的文化内涵。永定土楼景区积极开发非遗课程，使非遗走进生活，走进教育。目前景区内有丰富的非遗体验项目：土楼走古事、大鼓凉伞、提线木偶、客家山歌、十番音乐、客家楹联等。已开设了土楼夯墙、土楼木偶戏、客家山歌、非遗陶艺、万应茶制作技艺、十番音乐、非遗竹编、舞龙舞狮等非遗研学课程，使学生们在研中学，学中研，

使非遗教育成为鲜活的文化传承。

土楼经济是乡村经济,土楼旅游也是客家乡村游,以土楼旅游带动乡村产业发展是土楼旅游发展的题中应有之义。近年来,永定持续推进"土楼群"世遗品牌向纵深发展,探索"世遗+非遗+产业"模式,合理利用、盘活现有丰富的旅游、农林资源,带动更多村民就业、增收,全面实现乡村振兴。例如初溪村设立了199800平方米富硒梯田大米生产基地,创建"初溪妈妈"大米品牌,每亩效益可达1600元,带动村民增收。同时,土楼旅游公司充分利用333000平方米秋收后耕地,种植梯田油菜花,发展旅游观光体验项目,村民不仅有租金收益,剩余劳动力每年还能创收上万元。

(四)发展民宿产业,让客人留下来

永定在谋划和推进的文旅兴区战略中,民宿产业是其中很重要的一部分,通过出台一系列扶持奖励政策,引进品牌民宿进驻和民间自主改建等方式使土楼成为有特色、上档次、适宜现代人居住的高端体验民宿。近年来,永定引进"读旅""乡叙""美宿"等民宿运营品牌,通过打造高端民宿,实现"一楼一品",推动民宿旅游产业高质量发展。

土楼改造既能保护土楼,也能让游客体会到客家古村淳朴的生活方式,增添了旅游新业态。湖坑镇南江村与厦门"读旅"民宿品牌合作,将村内的朝阳楼和东昌楼两座土楼打造成高端民宿。民宿在外观、结构上保留了传统土楼的模样,并将土墙、垂柱花篮、镂空花窗等最精美、悠久的土楼元素与房间内现代生活设施融为一体,又以"几十间旧房整合为六间客房"的宽敞舒适吸引游客纷至沓来。走进朝阳楼,只见那些历史久远的垂柱花篮、镂空花窗的土楼元素充满原汁原味的气息。原本有几十个房间瘦身打造成六间客房,使住客更舒适,昔日穷破老旧的土楼如今成为"香饽饽"。和现代化的酒店相比,土楼民宿有其特有的韵味和底蕴。两栋楼共有十六间客房,均价在千元左右,平时周末入住率为70%。不少到土楼景区的自驾游客都会选择在民宿住一晚,感受原汁原味的客家文化。湖坑镇引入一批包含"读旅"在内的高端民宿,致力于打造土楼民宿聚集区。土楼民宿带动乡村游,实现了土楼"活化"和乡村振兴的双赢。让"过路游"变成"过夜游",让游客来了还想再来。

如今,村民的收入来源有3种:一是出租土楼或土地流转的租金;二是到民宿打工的收入;三是当地旅游项目的总体盈利分红。2021年,永定土楼景区接待游客人数460万余人次,村民人均收入2.5万元。外出务工人员纷纷回乡

就业，乡村旅游从业人员超过 300 人。依托土楼，当地村民吃上了"旅游饭"。

（五）文旅融合创新让旅游旺起来

文化产业是蕴含娱乐性、休闲性且注重体验的产业。物质消费早已满足不了当今旅游者的消费心理，精神层次的文化体验成为旅游服务业的潮流趋势。文化体验以服务为舞台，以文化商品为道具，围绕旅游者创造出值得旅游者回忆的活动。这种"美好的文化体验"给予旅游者相对于物质消费更高的体验层次和消费空间。而其所带来的是文化密集度高、整合效率高、价值开发度大、高附加值和高回报率的产业链。事实证明，只发展土楼观光是不可持续的，必须积极借助现代技术活化利用土楼资源，丰富土楼旅游产品，做强品牌特色，让游客拥有更丰富的体验，才能持续吸引游客。

1. 探索数字文旅新形式

近年来，龙岩永定区加快构建完善"东楼西湖北线"全域旅游格局，以客家土楼为依托，全力打造在全国具有区域影响力、引领数字文化产业发展的县域。借助数字 IP 与数字化技术融合，打造沉浸式剧场、国风电竞民宿、国风走秀表演及周边衍生业态，土楼乡村文旅的路子越走越宽广。

随着文化旅游业"年轻化"加速转型，"文旅+游戏"融合的新发展模式，打破景区传统观光旅游，将自然风光与传统文化植入游戏，通过沉浸式游戏体验，虚拟带动现实、线上带动线下、数字带动实体、虚实融合发展，以文促旅，成为数字文旅的新亮点，给文旅发展带来了更多可能性。

永定土楼乡村旅游国风电竞数字文旅体验项目是以国风电竞 IP 为主题，结合客家文化和土楼建筑特色，融入电竞元素，布局沉浸式互动演出、剧本杀游戏等业态，进行数字化文创内容创作，是"土楼+电竞赛事+沉浸式体验+度假民宿"等多元化沉浸式国风电竞体验的文旅项目。主要包括：天衣别院、沉浸式剧场、华裳华服旅拍中心以及华服国风和电竞主题民宿 36 间，并配套相关多元业态项目。项目在设计风格、剧本剧情、艺术表演等方面融入电竞、国风元素，同步将线上电竞玩家通过线下主题旅游活动、比赛竞技、音乐盛典、时尚特展等，融合乡村文化旅游的文创、商品销售，使游戏玩家从线上来到线下，使用 5G+4K 云技术，探索文化旅游界的"元宇宙"场景，实现线上、线下自由社交。

2. 开发夜色文旅

星光大道萤火飞舞、魔法森林千姿百态、刀光剑影的江湖、金戈铁马的古战场……夜晚的永定土楼景区，光影实景表演将村庄和游客带入奇幻世界。自 2021 年以来，永定区全力推进"夜间文旅提升计划"，以永定洪坑土楼群、高北土楼群、初溪土楼群为代表的夜间经济发展示范区建设，把发展夜间经济作为促进乡村消费转型升级、推进文旅融合的重点工作持续发力，不断丰富夜间经济消费业态，增加优质文化和旅游消费供给，积极举办"夜游、夜购、夜品、夜娱、夜习、夜健"等夜间经济特色活动，打造永定夜间经济品牌，使土楼的夜晚"亮"起来，商圈人气"聚"起来，夜间消费"火"起来，群众生活"乐"起来。景区充分运用光、影、雾、气、水、雷、风等多种自然现象元素，通过使用3D水幕秀、全息投影、裸3D、激光、沉浸式等新艺术手段，结合仿生装置、动作捕捉、体感互动、声光装置、机械道具、情景小剧等光影艺术，营造出恍若远离城市喧嚣的人间桃源，五彩斑斓的梦境，如幻似真、如影随形，为游客带来奇幻新颖、极具视觉冲击力和震撼力的沉浸式体验。

走进龙岩永定土楼客家民俗文化村，首先映入眼帘的是"盛世光影"，伴随优美的音乐旋律，五彩缤纷的灯光折射出绚丽多彩的颜色和奇特新颖的形状，让人忍不住驻足拍照。一路向前，全息戏台、裸眼3D光影秀、千年古树等一个个沉浸式夜游项目，把景区打扮得独具特色、美轮美奂。永定区夜游项目建设结合土楼文化背景，以土楼建筑、水系、步道等空间为载体，打造集观赏性、互动性、功能性于一体的感官体验，通过"文化故事＋全息演艺＋交互体验＋艺术"理念进行光影组合，实现主题IP、合理动线、沉浸式体验、互动游戏的主题文旅夜游特色。

3.打造精品旅游线路

2023年永定推出"来永定土楼，赏五朵金花"精品旅游线路，可以一探土楼之神秘、感悟客家文化、体验客家民俗、品尝地道美食。上午感受"土楼王"承启楼建筑规模之宏大；下午欣赏富丽堂皇、中西合璧的"土楼王子"振成楼，听客家山歌、观大鼓凉伞等非遗表演；晚上品尝客家特色美食，走进沉浸式剧场，领略古风大侠的快意恩仇；夜宿土楼特色民宿或野奢露营，找回心底的宁静。第二天，上午来到"十里南溪"畅游"土楼长城"，体验福建土楼第一漂，享受"楼在岸上走，人在水中漂"的惬意；下午来到"土楼梯田"初溪土楼群，打卡影视剧拍摄地，定格最美瞬间；最后，留在下洋镇品尝特色"全牛宴"。

第四章　留住乡愁：闽西文化旅游开发与乡村振兴

第一节　培田村：重生的中国南方庄园

培田古村坐落于福建省龙岩市连城县宣和乡境内，全村皆为吴姓，建村已有800多年历史，至今仍保存着较为完整的明清时期古民居建筑群。全村共有30余栋大宅，21座宗祠，6处书院，4座庙观，2座跨街牌坊，1条千米古街。村内古民居建筑群规模宏大、连片成群，布局讲究、设计精美。培田古村以其精致的建筑、精湛的工艺、浓郁的客家人文气息蜚声海内外，其民居是客家建筑文化经典之作，有"中国南方庄园""福建民居第一村"等美誉。

历史上培田村一度繁华，商铺林立、车水马龙，但20世纪30年代中后期，由于战争破坏和交通要道地位的丧失，培田走向了衰败。到了20世纪80年代，有近千年历史的南山书院年久失修，风雨飘摇，村里向福建省申报省级重点文物保护单位，每年获得3万元的维护费。随后申报各级重点文物保护单位也从南山书院扩展到古村落。2014年，国家文物局等四部委联合行文，培田古村落入选"全国重点文物单位和省级文物保护单位集中成片传统村落整体保护利用示范村"名录，是福建省入选的三个村镇之一。2005年入选中国历史文化名村，2006年被列为全国重点文物保护单位。从此，文旅融合发展成了古村发展的主题，乡村迈向全面复兴。

一、围绕产业振兴，文旅融合带动百业兴旺

培田村围绕把培田打造成"自然生态、田园风光、客家风情"的美丽乡村的理念，积极搭建"耕读"载体，实施一批"文旅+现代农业、康养美食、乡村旅游"等沉浸式体验项目和一批民间手艺、民俗活动传承工程。依托良好的

农业、文化和生态资源，以一业带百业，培田农耕文旅小镇的蓝图正在展现，先后被评为"中国历史文化名村""中国十大最美村镇""国家传统村落""中国特色村""全国特色景观旅游名村"等数十个"国字号""省字号"荣誉，成为众多游客的"打卡地"。

（一）文旅产业引领大发展

加快完善旅游"六要素"配套功能，大力培育丰富古村旅游业态。在吃的方面，成立客家美食协会培田分会，包装整合客家特色美食，深受游客好评。在住的方面，扶持发展海峡客家旅游示范户60多家、旅游接待床位达400多个，引进似续堂、锄田山房、香叙美宿等特色民宿10余家。在行的方面，投资8600余万元的文坊至培田旅游专线公路已建成通车，同时建成大小停车位150余个，开通游客服务中心至古村落旅游电瓶车线路，有效提高了景区旅游可进入性。在游的方面，修复培田古街沿街房屋，打造具有客家特色的千米商业古街，种植绿化苗木、中草药、建莲、向日葵等观赏作物40多万平方米。在购的方面，建成培田工笔画产业基地和染织工坊2处，引导开设伴手礼土特产店数十家。在娱的方面，引导游客参与体验插秧、犁田等春耕农事活动以及打糍粑等客家美食制作，结合特色农业"富硒"优势，发展水果采摘，积极与旅游开发机构开展合作，开辟研学游、民宿游、采摘游等休闲体验方式。在黄金周等节假日期间组织十番乐队、客家武术表演及木偶戏等，显著丰富了旅游业态。

（二）一业带百业

随着培田村人气越来越旺，产业发展也步入"快车道"。培田村以党员带头示范，带领村民、帮扶贫困户开家庭旅馆、经营农家乐、加工土特产、发展生态种养，在乡村旅游产业链上实现脱贫致富。连城县推进"交通快递"扶贫工程，投资323万元在宣和乡试点建设农村客运、农村物流、邮政、快递、电商、供销等"一站多能"的综合运输服务站。服务站可以有效提高当地的运输服务能力，极大方便当地群众的生产、生活，推动当地经济社会快速发展。宣和乡以乡镇综合运输服务站为中转节点，将百香果、生姜、雪薯、富硒大米等农副产品，依托电商、快递等龙头企业优势，整合乡村物流配送服务需求和物流资源，实现物流的集中处理和共同配送，全面降低社会物流总成本，助力农民增收、稳定脱贫，助推乡村振兴。

为了让村民从旅游发展中受惠，连城县培田村建立利益分成机制，理事会每年可从培田古村落景区分配到25%~28%的门票收入，分配到的收入用于村庄公益事业投入，调动村民参与古村落保护开发管理的积极性，培田古村落接待游客数量从2013年的4.05万人次增至2022年的20.12万人次；旅游收入从2013年的106万元增至2022年的420.2万元；村民人均年收入从2013年的0.7万元增至2022年的3万元，基本实现人文与自然和谐共生、"百姓富"与"生态美"有机统一。

二、围绕生态振兴，打造文旅融合新景观

培田村在保护发展古村落基础上，充分利用农业景观资源、农业生产条件及乡村文化资源，融休闲、观光、旅游于一体，传承耕读文化，实施了道路美化和田园洁净工程，种植了彩色稻"字画"、开办了"田间课堂"、开展了"春耕节"等活动，不断深化农旅融合，为当地乡村振兴增添新的活力。

（一）道路美化

2018年以来，连城县交通部门在投资5208万元建设X661清新线的基础上，按照"四好农村路"的要求，再投入1000多万元实施示范路改造提升。从旅游道路绿化到沿线安全标志刷新，再到道路旁水沟涵洞安全美化，"一条大道，两路风景，三季有花，四季常绿，常年洁美"的畅、安、洁、优的公路景观逐渐展现在人们眼前。

（二）洁净田园

积极开展废弃农膜回收专项清理活动，对弃置于田间地头、沟渠河道等区域的废旧农膜进行集中清理。大力推广农药减量化，有机肥替代化肥，采取秸秆还田等措施，提升耕地基础地力，使田更洁。实行"户分类、村收集、乡转运、县处理"的日常保洁机制和节假日垃圾清运志愿者服务应急机制，确保垃圾治理长效化，使村民在生产生活更加清新有序的环境中展示客家风情。

（三）打造稻田新景观

2021年，培田村在做好水稻生产的同时，将深植于培田村"耕读传家，崇文重教"的文化内涵，加上当地特色文化元素，通过创意策划，用彩色稻作"天然颜料"，稻田为"画布"绘制独具特色的稻田画，展现乡村田园艺术的无穷魅力，传达出了培田村独有的文化特色，为美丽乡村加分添彩。从2012年起，培田连续10年举办春耕节庆典活动，吸引了全国各地城乡民众来此体验犁田开垦、割油菜、插秧、抓鱼等传统的生态农耕文化；同时，"别出新裁"地将农耕

文化带进校园，吸引游客共同开办"田间课堂"，既传承了农耕文化，又丰富了游客体验。

三、围绕文化振兴，全面提升农民的旅游接待素质

培田村是著名的文化古村，无疑文化是厚重的，但厚重是在历史中创造的，当前的村民是否有文化才是关键，因为它涉及文化能否得到更好的承继与创新，关系到文旅融合能否可持续高质量地发展。从目前来看，在多方参与下，培田的文化振兴开展得有声有色，居民文化素质也日益提高。

近年来，培田村的村民文化素质提升工作得到许多机构和学者的关注，中国人民大学乡村建设中心邱建生的团队，在培田村办了社区大学；21世纪教育发展研究院杨东平的团队，在培田小学办了实验班；全球共生研究院的钱宏，与当地合作重振南山书院。其中属培田社区大学的历史最久，也最有影响力，社区大学建设有四大重点，涉及教育、文艺、手艺新生和乡村经济。教育围绕培田村的少年儿童开展。社区大学还组织夏令营、冬令营等志愿活动。福建省连城县培田客家社区大学的课程设置也非常丰富，包括客家文化课程、职业技能课程、健康养生课程、艺术课程等多个类别。学员可以根据自己的兴趣和需求选择相应的课程进行学习。入学的师资力量非常雄厚，拥有来自各个领域的专家和教授，保证了教学质量和效果。福建省连城县培田客家社区大学还积极开展各种文化活动和社区服务，如客家文化展览、传统手工艺品展销、社区义工服务等，使社区居民在深入了解和体验客家文化魅力的同时，也为社区的发展和进步作出积极贡献。培田客家社区大学还组建了妇女文艺队。村中的文艺队基本实现自主运营，盘鼓队除了在培田为游客表演外，还经常前往邻近村镇进行有偿表演，在丰富文化生活的同时，也提高了村民的经济收入。

四、围绕组织振兴，培育文旅融合发展"领头雁"

培田村按照连城县统一部署，开展"冠豸山下党旗红"活动，提出"支部＋农业""支部＋电商""支部＋旅游"的发展思路，推行"一村一品"发展模式，着力打造"中国培田耕读小镇"，培田村党支部获评"全省先进基层党组织"。

（一）党支部带头推进文旅经济

实施"耕读文化印记工程"。由培田村党支部牵头，利用文化优势和特色，系统开展旅游文创，连续举办11届省级"春耕节"，建设"农耕"体验园2处，打造农耕农具陈列、天下粮仓"粮食印记"陈列等5个特色展陈点，开展"农

事研学体验"。依托染织、剪纸、十番音乐、山歌童谣等非物质文化遗产，建立特色工坊、组建十番音乐队，开展"非遗研学体验"。2022年以来，以客家原生态文化吸引5万余人次参与各类研学体验，实施"古村资源活化工程"。培田村党支部领办，成立"培田村文旅融合农民专业合作社"，实行"村党支部＋合作社＋公司＋古屋权属人"运作模式，与企业签订旅游分红协议，按门票年税后实际收入的20%支付给各厅堂和全村群众。合作社与古屋权属人协商，采取"以修代租"方式，对破旧古民居进行保护性修复和合理利用。推动村民以资金、服务等形式入股古村民宿、客家餐吧等景区项目，使资源变资产、资金变股金、村民变股民，辐射带动周边7个村400余人就业，共享发展红利。实施"景区业态培育工程"。培田村党支部向上争取资金4亿余元，采取"村企联建、村村互联"等形式，打造以生态果蔬体验园、千米古街、美食情缘街、耕读文化街为特色的"一园三街区"，引入地摊经济，策划沉浸式夜游等耕读文化项目6个，将古村周边的茶叶、雪薯等农业资源以及民宿资源等"绑定"文旅企业，建立长期稳定的利益联结机制，把小农户带入大市场。截至目前，培田村引进10余家企业入驻，吸引60余户村民开设商铺，发展特色民宿30余家，2022年实现服务性收入310万元，同比增长23.7%，推动传统文化产业实现转型升级。

（二）党建航保障产业规范发展

强化统一规划。旅游开发之初，村里有许多无人屋、破落屋，村"两委"积极争取群众支持，将属于私人财产的部分古建筑"统一修缮、统一管理、统一引入业态"。同时，培田村投资2000多万元，对衍庆堂、衡公祠等多处古建筑单体进行"修旧如旧"的抢救性维修。深化全域服务机制。将景区划分为14个服务网格，动员老党员、讲解员、商户等成立5支"古村服务队"，在53处国家级和省级重点文物保护单位、"千米古街"沿线及景区内民宿、商铺处设置59个党员先锋岗、6个共产党员诚信铺，实现服务全覆盖。深化常态管理机制。完善培田村党支部与培田景区工作站联席会议制度，通过一周一会面、半月一联席、一月一推进，及时解决发展难题。推行镇干部联村、村干联组、党员联户的"三联"工作机制，点对点收集游客建议、村民需求，做到迅速回应、妥善解决。坚持"保护第一，生态优先、兼顾发展"的原则，充分发挥基层组织战斗堡垒作用，有效调动群众积极性，全力开展"一革命四行动"，形成培田村人居环境整治管理常态化、长效化工作机制，使污水得到减量化、减害化处理，农房建设整齐有序，村容村貌明显提升。邀请专家、学者召开交流研讨会、出版各类著作，深度挖掘培田客家文化、红色文化底蕴，加强保护古村历史文化传承。对古村进行活态保护，积极探索古村落内各厅堂功能化利用，成功将一批闲置古民居改造为党员服务驿站、主题陈列馆、特色民宿、社区大学、影视拍摄取景点等，留住生活，使古村焕发生机。培田村在2020年获评"全国乡村治理示范村"。

五、围绕人才振兴，新农人建设新乡村

近年来，培田村保护、开发、利用古村落，复兴耕读文化，将文化与旅游融合引游人，同时以产业带动脱贫，推进乡村振兴。许多外出村民纷纷回乡，也有许多年轻人来此旅居，共同缔造青春乡村。

如今，村民很"高知"。白天去田里干农活，晚上会写毛笔字、剪纸，或者演奏十番音乐，生活不亦乐乎。通过举办春耕节、培养民间技艺传承人、建立特色工坊等方式，传承染织、剪纸、山歌童谣等非物质文化遗产，培田村民留住了"活着"的古村落。

第二节 长汀三洲："文旅+生态"古进贤乡展新颜

三洲，位于长汀县东南部。交通十分便利，距龙长高速河田出口仅5分钟车程，距长汀县城25分钟车程，距高铁站长汀南站15分钟车程，通镇二级公路为生态景观大道，便捷畅通。三洲土地总面积为64.55平方千米，耕地面积为8平方千米，山地面积为44.6平方千米，河滩坝地0.67平方千米。三洲主要以经营农业和畜牧业两大传统产业为主，农业主要以种植稻谷、杨梅、地瓜和花生为主，第三产业发展比重较小。三洲人民数十年如一日的水土流失治理，使"山光、水浊、田瘦、人穷"的"火焰山"变成了如今的"花果山"。水天相接、碧波千顷，山丰水美、花果连天的旅游目的地。三洲积极发展农业生态旅游，力争做到一年四季，有花有果。每年端午前后，杨梅成熟时，都会举行盛大的杨梅节，招待四方游客。三洲有大量保存完好的明清古建筑群，有祠堂、书院、寺庙等，有鲜明的客家建筑特色。住建部和国家文物局联合组织充分肯定了三洲古建筑群的传统建筑风貌、优秀建筑艺术、传统民俗民风和原始空间

形态，具有很高的研究和利用价值。鉴定为第五批国家级历史文化名乡之一。三洲是生态文明思想的孕育地、践行者和受益者，是融"历史、客家、红色、生态"文化为一体的千年古镇，素有"古进贤乡"的美誉，2020年被列入市—县—片区"红旗跃过汀江，两山实践走廊"跨村联建示范片建设。

一、围绕产业兴旺，促进传统文化保护与生态旅游产业融合发展

传统文化是一个乡村文化发展的底蕴，乡村是中华优秀传统文化的源头和根基。自宋朝开始三洲成为汀杭运河古驿站，是古汀州府重要的商埠码头，素有"先有三洲，后有汀州"之说。三洲历史悠久，保存有唐、宋、元、明、清以来50余处五朝文物和建筑古迹，村内有明清建筑70多栋，其中省级文物保护建筑3处、县级文物保护建筑6处。2010年，三洲村被国家住建部和国家文物局公布为第五批"中国历史文化名村"，2011年被住建部、文化部、财政部评为"中国传统古村落"。三洲镇深入贯彻文物保护工作的一系列批示及文物保护工作的重要论述精神，根据在《〈福州古厝〉序》中特别提出的"保护好古建筑有利于保存名城传统风貌和个性。在城市建设开发时，应注意吸收传统建筑的语言，这有利于保持城市的个性"的要求，三洲全力做好传统村落保护开发与乡村振兴有效衔接工作，2018年实施乡村振兴战略以来共争取资金3109万元，策划建设项目23个。其中旅游基础设施建设项目3个、道路交通项目3个、民生工程建设项目9个、古民居改造提升项目7个、其他项目1个。通过实施房屋立面整治、古民居水系连通、道路提升改造、农贸市场建设、业态布置、重要历史遗存或重建修缮、路灯亮化工程等项目的策划建设，使得传统古村落面貌得到明显改善，目前精品旅游路线具有一定规模，为3A级景区创建工作奠定了坚实的基础。三洲被定位为"客家母亲河——汀江生态修复典范""南方丘陵水土流失地区生态建设新模式""中亚热带典型河流湿地保护典范"。通过争取上级资金2000万元建设沙滩公园，打造长汀县第一个以生态亲水为主题的沙滩公园。沙滩公园沿汀江河全长约为900米，宽为20~50米，总面积约为35000平方米。三洲成为汀江特有鱼种保护恢复地，目前，已成为生态环境恢复良好、物种多样性丰富、景区形象突出、景观特色鲜明、基础设施完善、风景优美的国家湿地公园和国家3A级旅游景区。通过打造"一古二环三园"（即一个古村落；环村景观大道、环村汀江河道；国家级湿地公园、沙滩公园、丰盈采摘园）的生态旅游产业带，发展特色产业（一产）15家。依托

杨梅、油茶、豆腐等本地农副产品，发展杨梅酒、杨梅汁、杨梅干等杨梅系列产品和茶油、豆腐干等加工业10家，实现一产联结二产。鼓励民众围绕精品旅游路线发展餐饮、民宿等旅游业态10家，丰富旅游要素，推动"第一二三产业"融合发展。实现三洲镇生态文化旅游产业高质量发展，全年新增游客8万余人，新增旅游产业收入50万余元。成立三洲旅游运营公司，以三洲古镇旅游资源入股该运营公司，开发智慧旅游系统 App，对三洲古镇景点进行包装及文化挖掘，借助移动互联网和云计算等先进技术，通过参与古村落餐饮、旅游商户营运、古村落3A级景区与汀江国家湿地公园联合经营等盈利项目进行盈利。探索流转土地和古村落房屋使用权新思路，发展国学、民宿、餐饮等旅游业态。流转古民居戴氏家庙周边土地7.3万平方米和已修缮好的礼门贻矩、聊可自娱等古民居及农房11栋，通过鼓励乡贤回乡创业或是招商引资发展民宿、文化创意、餐饮等旅游业态，通过吸引社会资本传承保护传统古村落，发展生态旅游产业，促进乡村振兴。

三洲文旅趣玩节在中国历史文化名村三洲古村举行，龙岩市汉服文化研究会带来汉服朝代秀及汉乐舞等表演。随后在各活动项目点还举行了汉服才艺秀、古琴弹奏、茶艺表演、古筝表演、专业木偶戏、非遗音乐表演等系列活动。活动使三洲镇生态福地、康养福地、文化福地的旅游名片不断彰显，使村民和游客尽情体验在乡村振兴的新时代下，三洲古村全新的发展面貌，共同领略淳朴民风、见证发展成果。

二、围绕生态宜居，治理水土流失提升村容村貌建设美丽乡村

（一）水土流失的治理

针对长汀水土流失治理和生态建设连续两次作出的重要批示精神，三洲牢记"进则全胜，不进则退"的殷殷嘱托，深入贯彻践行"绿水青山就是金山银山"的生态文明思想，紧抓乡村振兴与水土流失治理工作有效衔接的契机，通过政府主导、群众主体、社会参与，采取植树种草增加植被、低效林改造、种果种茶改良植被等措施，完成生态林划种植14.2万平方米、低效林改造55万平方米、**崩坑治理72条**。经过三洲近几年的不断努力，全镇水土流失面积由原来的30平方千米下降到现在的22平方千米，水土流失面积占总面积比例由73.7%降到52.9%。其中，轻度水土流失的面积正逐步消失，中度流失面积由5.8平方千米**下降为5.3平方千米**，比例由19%降到17%，重度流失面积由原来的21.4平方千米下降为2.1平方千米，重度水土流失面积占总面积比例由69%降到9.7%。

水土流失治理策略与方法得到了应证。

（二）改善村庄建设

聚焦"一革命四行动""三清一改""六清六美"环境综合整治，上半年累计拆除旱厕12座260平方米，争取到2A旅游公厕指标一个待建设。开展"两治一拆"60日攻坚专项行动，2021年以来累计拆除空心房、危旧房、破旧烤烟房、碍景房等179户16541平方米。扎实开展裸房整治工作，已完成裸房整治259户49559平方米。

（三）优化环境建设

严格按照扫清楚、分清楚、摆清楚、圈清楚的要求，组织各村开展村庄环境整治工作，规范农户生活污水处理，规范村民畜禽养殖行为进行鸡鸭圈养，清理村内塘沟、农户房前屋后、村内巷道以及汀江岸道垃圾，全面消除农村黑臭水体及生产生活垃圾，推动建设干净整洁美丽的乡村。

（四）提升基础设施建设

修缮村内污水管网设施，完善排水排污设施；实施古村落引水工程，争取水利厅中型旱片灌区项目资金655万元，用于湿地公园尾端引一路活水至古村落，全程约1.8千米，畅通三洲旅游环线。争取县农业农村局高标准农田项目对村庄农田水利基础设施进行提升，改善村民生产条件，投资6万元对试点户立面整治及房前屋后绿化美化。通过试点户打造，争取本地百姓支持，营造良好的宣传氛围，曾坊村空心房、裸房整治、村庄环境整治造景已全面完成。

（五）推进村庄绿化美化工作

积极与水保局对接，争取茶果园水土流失治理项目，支持该镇种植杨梅10万平方米。争取小流域治理项目，已完成三洲村古村落内绿化美化项目建设前期规划。各村在植树节前后均完成本村绿化种植并严格按照要求做好管护工作，全面提升村庄绿化美化水平。

三、围绕乡风文明，有效巩固党建引领乡风文明长效机制

三洲立足镇情、村情、民情，服务旅游业提质增效，加强和创新乡村治理，建立健全党委领导、政府负责、社会协同、公众参与、法治保障的现代乡村社会治理体制，健全自治、法治、德治相结合的乡村治理体系，积极践行"以德治村""移风易俗"等要求，创新推行"敬贤银行"积分制管理，是涵养文明乡风、良好家风、淳朴民风的重要举措，探索出一条可复制、可推广、可借鉴

的农村精神文明建设与基层社会治理的模式和路子。三洲镇党委把革除婚嫁陋习作为"移风易俗、树立文明新风"的切入点和着力点，在全省乃至全国首创出台包含"婚事新办、文明节约、喜事小办"等六项镇规民约，在全镇范围内举办"倡导婚嫁新风、拒绝高额彩礼"主题活动，在全镇上下营造浓厚的"移风易俗"氛围。镇里组织邀请镇机关、事业单位单身青年、老同志代表、村干部代表等，举办"倡导婚嫁新风、拒绝高额彩礼"主题签名活动和座谈会，编制三洲镇移风易俗漫画宣传册。目前，该镇正在修订完善村规民约，充分发挥村民议事会、道德评议会、红白理事会等群众组织的自律监督作用，开展教育宣传、创建评比、乡风评议活动，对婚丧喜庆及民俗活动中的不良现象进行综合治理，使文明新风吹遍全镇各个角落，形成良好的社会风尚，不断推动乡村环境展现新气象、乡村文明彰显新风貌、乡村治理取得新成效、农民生活再上新台阶。

四、围绕治理有效，探索乡村治理新路径

三洲镇适应乡村旅游业大发展的新形势，进一步探索"党建引领、全民参与、自治法治德治相结合"的乡村治理新路径，以党建引领乡村治理试点工作为契机，探索推行村民"敬贤银行"评分管理机制，使"小积分"深度嵌入乡村治理方方面面，充分激发广大农民群众参与乡村治理的主体意识、责任意识和内生动力，激活乡村治理的"神经末梢"。镇综治中心、司法所、派出所和各村"两委"干部、网格员形成动态联动，精准排查矛盾纠纷、有效化解矛盾纠纷、积极预防矛盾纠纷，努力把矛盾纠纷消灭在萌芽状态，密切关注高危人员，妥善处理治安突发事件，严厉打击一切违法犯罪活动，持续筑牢乡村振兴根基，为全县经济社会高质量发展贡献三洲力量，全力保障人民群众生命财产安全，切实维护和谐稳定的社会环境。

五、围绕生活富裕，拓宽村民收入渠道提高村民收入水平

一是向服务业转移劳动力，吸引外出村民返乡创业及引导村民由从事传统农业转向现代采摘农业及旅游、餐饮、住宿等第三产业。二是持续扩大杨梅产业，壮大"三洲杨梅"品牌。三洲村认真规划和改进杨梅产业形态，壮大"三洲杨梅"品牌。聚焦实现全村"旅游目的地"目标，增强文化旅游产业、现代特色农业2个主导产业内生动力，制定相关产业激励性政策，撬动社会民间资金活力，激发全体村民参与建设热情。通过引导村民承包山地，种植有观赏、

有价值果蔬，吸引游客前来观光采摘，既让山绿了，又让农民钱袋子鼓了。三是加快古村落3A级、湿地公园4A级景区打造提升，"串点连线"实施17千米汀江、南山河沿线连通工程，在原生态汀江景观资源沿线，全域布局农旅融合节点业态。畅通观光游线循环，既打造家门口的景区，又实现家门口的增收，农村居民可支配收入高于全县平均水平15%，实现"绿水青山"与"金山银山"的有效转换。激发内生动力，持续壮大村集体经济。进一步盘活了资源、资产、资金，成立全民共有的村集体企业公司；由村两委牵头，加大村集体林地、耕地流转力度，引进有实力的企业发展生态产业，拓展村财来源、增加村财收入。实现村集体经营性收入达10万元、村集体经营性收入较上年增长20%。增强内生动力，改变村集体"等、靠、要"思想。四是积极承办福建省中国农民丰收节、"古风国潮"文旅趣玩节、三洲丰盈采摘节等线下活动，持续加大宣传力度。搭建"党员+农户+电商"模式，通过"线上+线下"延伸产业链销售链，仅三洲村就有13名青年从事电商新业态，年创收入2300多万元，使"土产品"实现新价值，使老百姓增加收入。

第三节 洪坑村：文旅融合带动福建乡村振兴实绩突出村创建

永定县湖坑镇洪坑村是世界文化遗产——福建（永定）土楼所在的重点村之一，是省级园林式村庄、国家5A级旅游景区所在地。洪坑村自然环境优美，三面环山，一水穿村而过，气候温和。建村600多年来，代代相继的洪坑客家人在此生产生活创造，为后人留下了极其丰富的文化遗产。

洪坑村被誉为"土楼博物馆"，土楼方圆各异，主要有长方形、五凤楼、半月形及变异形式，其中"土楼王子"——振成楼、府第式建筑——福裕楼，宫殿式建筑——奎聚楼3座楼为国家级文物保护单位；福兴楼、洪坑土楼群、如升楼、日新学堂、光裕楼、林氏家庙、庆成楼等8处为省级文物保护单位；振成楼、奎聚楼、光裕楼、如升楼、福兴楼、庆成楼、福裕楼已被纳入世界文化遗产名录。洪坑村文物古迹较多，保存均较为完整。洪坑村土楼建筑文化蕴含客家人与自然和谐相处的文化底蕴，其楹联文化体现了爱国爱家、为人诚信，尊师重教、勤劳节俭等中华民族传统美德。非文化遗产土楼营造技艺、客家山歌人别被列为国家级、省级非物质文化遗产；作大福、舞大龙、十番乐队等民宿节庆，表演活动丰富，文化底蕴深厚。风俗礼节除"春节""端午""中秋"等中国传统节日外，也有本村特有的节日，如"闹元宵"、"庆祝妈祖诞辰"（每年农历三月二十三）、"林氏宗亲作大福"等，浓厚的客家文化培育了一代代洪坑人勤俭苦读、心存忠孝、行善积德等优秀品质，所蕴含的优秀客家精神在当代也独具教化价值。

丰富文化、秀美的山水是洪坑发展旅游业的基础资源，土楼申遗的成功则为旅游业的发展插上了腾飞之翼；旅游业的发展又带动全村及周边村域经济社会大变革、大发展，实现乡村振兴。

一、突出文旅产业带动，打造产业振兴的首位产业

乡村振兴，产业兴旺是重点。洪坑村地处南方红壤丘陵区，山地多而耕地少，全村土地总面积4.7平方千米，耕地面积1.1平方千米，人均仅为366.7平方米；山林面积为3.3平方千米，人均为1113.3平方米，其中，毛竹林面积为0.8平方千米，人均为266.7平方米。稻谷、红柿、竹笋等是洪坑的传统产出，收入水平低，改革开放以后，外出务工经商成为村民的重要收入来源。乡村振兴战略实施以来，洪坑村明确以文旅产业振兴带动乡村整体振兴的发展思路。

一是立足区域特点，大力发展世界文化遗产观光游、休闲度假游，农家乐和农家民宿等涉旅产业，开设土楼玉成酒店、聚德轩饭店等规模酒店12家，鹏福农庄、土菜馆等农家乐26家，常棣客栈、瑞源客栈等特色民宿35家。

二是发展新兴产业，利用5A景区优势，开发和丰富旅游产品，提高产品附加值，拓展农村电商，线上线下销售茶叶、柿子饼、百香果、客家糯米酒等地方特色产品，瑞源土楼柿饼注册商标后在网上销售火爆。

三是积极培育新型农业经营主体，重点扶持一批规模大、带动能力强、产业优势明显的农民合作社，形成以金瑞种养殖专业合作社、龙富泉旅游生态园有限公司等为代表的合作社（公司）16家，通过"合作社（公司）+农户"模式，整合农户手中资源，发挥示范带动作用，并通过每年举办"柿子节"等旅游节庆活动，实现农业增效、农民增收。

四是实行农村集体经营性资产股份合作改革，2018年实现村财政收入2711030元，2019年村财政收入达到2822703元，全村村民真正实现"户户有资本、家家成股东、年年有分红"。

二、大力营造亲旅环境，打造生态宜居家园

乡村振兴，生态宜居是关键。乡村的人居涉及每个村民的利益，各方诉求不一，一向是乡村振兴中的难点。洪坑村从利益联结的角度，从企业和村民收益普遍增加角度开展宜居环境建设，明确提出"良好生态环境是农村最大优势和宝贵财富。必须尊重自然、顺应自然、保护自然，推动乡村自然资本加快增值，实现百姓富、生态美的统一"。持续开展与企业合作，围绕改善游客体验、改善村民福利、改善企业收入来源三个方面营造亲旅环境，建设宜居家园。

一是配合土楼做好洪坑景区国家5A级旅游景区提升工作，持续开展景区环境综合整治行动，统筹推进垃圾处理、污水治理、绿化美化、村容村貌提升、土楼修缮保护等工作。投资30多万元，对4千米村道沿路绿化及停车场绿化进行提升。投入40多万元，在振成楼对面山上建设观景台及上山道路。投入300多万元，完善景区夜景工程。投资120万元建设幸福院。

二是采取集中治理和长效管理相结合的方式，实施"一革命四行动"，投入50多万元，对景区内厕所，计462个厕位，进行全部修缮补缺补漏，配齐设施，增加残疾人通道，配备管理房和第三卫生间。在做好硬件设施提升的基础上，强化管理服务等软件提升。开展景区环境整治，彻底清除卫生死角，投资6万元添置垃圾箱100个，三轮摩托垃圾车1辆，确保每日垃圾收集、清扫、保洁、转运的正常进行。

三是全面落实河长制，投资400多万元对洪坑溪实施河道清淤、护坎修缮和两岸整治，逐步改善水环境，实现"河畅、水清、岸绿、景美"。

四是突出"两违"整治，建立健全"两违"管理制度，组织10次共出动128人次及时、有效地制止和查处违法占地、违法建设行为。

三、文旅融合驱动农民综合素质提升，打造乡风文明的样板

乡村振兴，乡风文明是保障。发展乡村文旅，村民是主要从业者，村民的素质关系到游客体验，村民素质越高，游客越愿意来；村民越有文化，游客越愿意走进他们的商店、或请他们当导游，这既是村民在从业实践中体会到的朴素道理，也是村两委和主导企业极力想要引导的目标，三方实现了激励相容。走进洪坑村，不论是在"农家乐"，还是在村街作坊，游客都能感受到村民的纯朴善良。朴实的民风，质朴厚道的话语、单纯善良的举止、热情好客的笑容，让来自各地的游客无不感到亲切与温暖。俗话说"众人划桨开大船"，洪坑村在发展乡村旅游的过程中，村民们心往一处想、劲往一处使，齐心协力共创洪

坑村土楼世遗游品牌，使村民生意红红火火，收入持续提升。

一是文化阵地设施齐全。充分利用客家家训馆、家庭美德馆和社会主义核心价值观等展馆，以及读书屋、阅览室等场所，加强村民思想道德建设，加强爱国主义、集体主义教育，大力培育和弘扬社会主义核心价值观，传承优秀客家文化，培树良好乡风，进一步提升农民精神风貌、提高农村文明程度。

二是村级文艺队伍活跃。组建十番音乐、土楼木偶戏、客家山歌、客家舞蹈、婚嫁等表演队，在为游客表演的同时，丰富群众的精神生活。

三是文明建设不断加强。持续开展文明户、五好家庭、平安家庭和"好媳妇、好婆婆、好妯娌"等评选表彰活动，共评出文明户771户、五好家庭17户、好媳妇、好婆婆、好妯娌各10名，深入宣传道德模范、身边好人的典型事迹，弘扬真善美，传播正能量，常年组织开展文明旅游、文明餐桌、志愿服务等活动，引导村民向上向善。

四是树立移风易俗的先进典型，对他们的事迹进行广泛宣传，用身边人、身边事教育了大部分群众，形成移风易俗的良好社会新风尚。发挥党建引领功能，积极拓展客家家训文化和土楼楹联文化功能。

五是文化保护传承发展。开展学唱客家山歌、"我是土楼宣传员"等活动，开设"阿耕讲家训"、土楼营造技艺体验等活动，进一步对传统文化遗存和文化形态的保护和继承，增强文化自豪感和自信心。

四、借力文旅融合完善"三治"结合体系，打造治理有效的现代村落

乡村振兴，治理有效是基础。一般村落的治理有效主要围绕村庄内部利益协调、有序发展；而以文旅产业为主要产业的村落在治理有效方面应当有更高的要求，因为它不仅事关村落内居民，也事关数量更大、来源更复杂、利益更分散的游客，因此，必须遵循主导产业对村民内部、对村民与游客的联结规律，更加宏观、系统地推进法治、自治和德治。

一是多主体共同参与治理。在洪坑村，由于村落即景区，文旅产业占绝对优势地位，主要企业土楼开发公司与村庄形成高度相关的利益共同体，企业的旅游发展规划、景区布局、商业模式等既受村里决策影响，也影响村里决策，所以治理要有效不能不让企业参与；同时，由于游客众多，游客也成为利益相关者。由于企业和游客两大新的利益相关者参与进入，不仅为乡村治理带来新资源（如更多知识、更有管理经验的人员），也带来新问题对治理形成倒逼效应。

因此，洪坑村的乡村治理是一种更加开放、更强调协同、更追求科学的治理，治理机制也在"党组织领导、村代会决策、村委会执行、村监会监督"的村级治理机制的基础上，加入企业与村级组织互相参与决策、游客通过意见与投诉参与治理的机制；治理内容也在完善、加强民主法制建设，健全完善自治、德治、法治"三治"结合的治理体系的基础上纳入市场规则的要求。

二是适应社区+景区社会治安综合治理双重需求，以构建"平安洪坑、和谐景区"为目标，努力探索网格化服务管理新路径，推进"网格+"旅游管理模式，织牢旅游网格，破解治理难题。将党建服务、便民服务、人员管理等进行集中管理，构建"大中小微"四级网格，依托"1+1+1+N"模式，以网格为阵地，推动包保干部、网格员、志愿者、社会组织等各类资源下沉，提高与游客联系的密切性，有效提升为民办事效率，实现社会治理横向到边、纵向到底。同时，抓技防支撑，增设高清摄像头，对旅游景区主要干道、路口、垃圾收集点进行全覆盖，形成区域感知合围一张网，为警网融合联防联动工作提供支撑，构建基层治理"数据网"。网格员巡查搜集景区"情报"（包括卫生、综治、设施安全性与完整性、村民和商家文明行为等），第一时间上报村居网格化服务管理中心，前端全面摸排、后端分类处置，进一步增强了村民和游客的获得感和幸福感。

三是引导文明新风尚，促进旅游发展再升级。洪坑为增强平安景区建设活力，大力开展景区宣传活动，一方面，利用优秀传统文化赋能基层社会治理，结合清单制积分制开展"书香洪坑""乐和家园"等移风易俗文明创建等文化宣传活动，让广大游客领略"崇德向善、以和为贵"的文化内涵，形成"以文化人、以德育人"的良好社会氛围；另一方面，运用"宣传展示、教育引导、文化标识、尚德孝和"四种载体，开展网格员政策宣讲、民意调查、矛盾化解服务，引导群众"崇孝尚和"。客家家训馆的家训展示与解读取得良好宣传成效。

洪坑村先后被评为省级卫生村、省级文明村、市新农村"427"建设重点村、市平安和谐村居、省文明风景旅游区、省生态旅游示范区、市十佳诚信旅游景区、海峡两岸交流基地、中国传统建筑文化旅游目的地、全国传统文化示范教育基地等。

五、文旅融合夯实村民增收之基，打造生活共同富裕的新农村

乡村振兴，生活富裕是根本。乡村振兴要得到群众的拥护，得到村民的全

力支持，很大程度要看是否有激励，也就是是否能给村民带来持续增收，促进共同富裕。2016—2019年居民人均纯收入由14680元增加到20111元，年均增长8.19%。乡村振兴的几个要点如下。

一是坚持把富民增收作为乡村振兴的着力点和落脚点，深入实施"富民工程"，主攻创业就业和农业内部挖潜两个重点，突破财产性收入和低收入农户增收两个难点，全面落实强农惠农富农政策，打好精准脱贫攻坚战，着力稳定涉旅人员收入增长势头，挖掘经营性收入增长潜力，形成多点发力、多极增长的农民增收新格局，确保农民收入持续较快增长。

二是按照抓重点、补短板、强弱项的要求，优先发展农村教育事业，加快培育满足文旅产业发展要求的新型职业农民，培育一批合作社、家庭农场、手工作坊，鼓励兴办环境友好型企业，实现村经济多元化。

三是与土楼公司实现村企共建景区。提升景区旅游收入，做好村民旅游资源费发放工作的同时，加强农村社会保障体系建设，为低收入人群和贫困户缴交农村养老保险和医疗保险，提升参保覆盖率，建立城乡一体的社会保障机制。

六、文旅融合引才引智，打造高质量乡村振兴实践村

"功以才成，业由才广。"洪坑村利用土楼旅游这一有世界级影响的品牌，大力开展引才引智行动，不仅促进了文旅融合高质量发展，也加快了村庄现代化进程。

一是利用文化和旅游部对口支援永定的政策机遇，引入国家队帮助乡村旅游发展。2020年12月，文化和旅游部提出支持永定打造成为"5个具有区域影响力、引领数字文化产业发展的产业集群"之一。引进国家文化科技创新服务联盟、咪咕动漫公司、华邮数字文化技术研究院，签署系列战略合作协议，加快推进"沉浸式土楼演艺""5G AR智慧数字文旅"等项目落地，加快永定土楼文化IP开发和转化。2021年洪坑村发展得到国家在项目保护、人才培养、产品销售、宣传展示等方面的支持，为保护好、传承好、利用好非物质文化遗产，使之绽放出更加迷人的光彩，助力新时代老区苏区振兴发展提供了机遇，文旅部明确：一要提高对永定万应茶、闽西客家木偶戏、客家家训文化、客家山歌等各级非遗项目的保护力度，加强非遗传承人等乡村带头人的保护和培养。二要加强非遗传承体验设施建设，挖掘整理传统村落中的非遗资源，提升乡土文化内涵，建设非遗特色村镇，持续提高客家文化（闽西）生态保护区建设水平。三要加强永定牛肉丸、永定菜干、永定柿子干、下洋泡鸭爪等非遗相关产

品的包装和销售，进一步推动非遗助力乡村振兴。四要提高非遗宣传展示水平，持续推动非遗有机融入景区、度假区，提升非遗展览水平。在文旅部的牵线搭桥下，中国文化传媒集团旗下中国文化传媒新文创（IP）平台与永定区人民政府共同建设的永定区数字文化产业园、中国文化传媒集团中传新文创（IP）平台华东知识产权维权中心（简称中传华东知识产权维权中心）、中国文化传媒集团中传新文创（IP）平台华东知识产权交易中心（简称中传华东知识产权交易中心）、龙岩市永定振成网络文化科技有限公司一同签约或揭牌，使包括洪坑村在内的永定文旅产业一下子进入数字化时代。

二是利用好企业力量，使乡村建设水平全面发展。

三是筑巢引凤，让远方的客人留下来。随着名号越来越响，永定土楼不仅成了八方游客心中的诗和远方，吸引了众多游客，也成了当地人理想的创业基地：老年人就近在规定的地方摆摊或民宿打工，赚钱比以前轻松了；孩子们在假期里也有事做，他们帮着家里的生意；不少年轻人纷纷回归土楼从事乡村旅游，甚至当起了景区宣传员和志愿服务者，用年轻人的视角和语言向世界传播土楼，使千年土楼多了几分"年轻态"。据村委会统计，全村现有近80%的村民从事土楼旅游工作，特别是近年来土楼旅游带动了外出人口的"回归潮"，仅土楼民俗文化村就有700多名外出打工或远嫁他乡的青年纷纷回到老家创业，近200人从事旅游讲解工作。开设土楼玉成酒店、聚德轩饭店等规模酒店12家，鹏福农庄、不舍山隐等农家乐26家，常棣客栈、瑞源客栈等特色民宿35家。其中近七成是由从外地打工回乡创业以及外地来此创业的年轻人所开办。还有许多大学毕业生、城市年轻人来此开设创意工坊、画室、网店等。

参考文献

[1] 兰寿春.福建客家文学发展史[M].厦门：厦门大学出版社，2012.

[2] 蔡登秋.石壁客家祖地与海内外客家人关系研究[M].北京：光明日报出版社，2023.

[3] 钟晋兰.闽西客家的民俗信仰生活[M].广州：暨南大学出版社，2015.

[4] 杨国桢.福佬与客家之间[M].福州：福建人民出版社，2023.

[5] 邓晓华.客家村落的传统与变迁[M].厦门：厦门大学出版社，2021.

[6] 肖剑南，李文生，付进林.客家首府[M].北京：社会科学文献出版社，2021.

[7] 邱立汉.闽台客家文缘关系研究[M].北京：九州出版社，2021.

[8] 谢重光.闽台客家社会与文化[M].北京：人民出版社，2013.

[9] 陈弦章.闽西客家民间信仰与风俗研究[M].北京：九州出版社，2017.

[10] 徐维群.福建土楼客家传统经济与对台影响研究[M].北京：九州出版社，2022.

[11] 谭元亨.我是客家人[M].广州：华南理工大学出版社，2020.

[12] 曾令存，邱国锋.客家文化概论[M].北京：北京大学出版社，2017.

[13] 连城县客家研究联谊会.连城客家品牌文化[M].厦门：厦门大学出版社，2019.

[14] 沈昕.旅游凝视理论视野下福建长汀古镇客家身份的再认知[D].昆明：云南民族大学，2022.

[15] 许永华.客家文化旅游目的地游客满意度空间差异研究——以赣州、梅州、龙岩为例[D].赣州：赣南师范大学，2020.

[16] 高清云.福建永定客家土楼旅游发展对策研究[D].武汉：华中师范大学，2019.

[17] 余静静.基于RMIP分析的闽西客家文化旅游产品开发研究[D].武汉：湖北大学，2019.

[18] 陈钰.基于永定客家土楼文化意象的旅游纪念品设计研究[D].福州：福州

大学，2016.

[19] 张丽. 海西客家文化旅游开发的价值、前景与发展对策 [D]. 南昌：江西师范大学，2012.

[20] 郑丽鑫. 闽西客家文化旅游 RMP 分析研究 [D]. 福州：福建师范大学，2007.

[21] 张倩. 闽西客家传统村落景观文化感知评估 [D]. 长沙：中南林业科技大学，2023.

[22] 高凡. 闽西客家传统村落在美丽乡村建设中的保护与发展研究 [D]. 福州：福建农林大学，2019.

[23] 谈荣亮. 民间信仰对闽西客家土楼影响研究 [D]. 泉州：华侨大学，2023.

[24] 倪蕾. 旅游民宿改造设计——以闽西南江客家土楼为例 [J]. 武夷学院学报，2022，41（4）：53-56.

[25] 郑顺婷. 福建客家地区发展民间宗教文化旅游的思考 [J]. 嘉应学院学报，2021，39（5）：17-21.

[26] 陈智明，张清荣. 传统文化振兴下长汀县客家文化旅游发展研究 [J]. 海峡科学，2020（3）：76-80.

[27] 杨满妹. "一带一路"战略视角下闽西客家文化旅游资源的开发与保护 [J]. 旅游纵览（下半月），2017（8）：130-131.

[28] 吴冬梅. 发展永定客家土楼旅游的思考 [J]. 经济研究导刊，2013（16）：267-270.

[29] 曾慧娟. 闽粤赣边客家地区旅游合作模式研究——基于共生理论的视角 [J]. 嘉应学院学报，2014，32（3）：10-17.

[30] 胡昇平，曾慧娟. 闽西客家文化旅游及其发展策略 [J]. 龙岩学院学报，2012，30（3）：10-17.

[31] 徐维群. 客家乡村文化旅游实施"符号化旅游"策略研究 [J]. 嘉应学院学报，2013，31（6）：12-17.

[32] 孙千，义丝梅，陈竹，张康生. 乡村旅游助力乡村振兴——以福建长汀同睦村为例 [J]. 低碳世界，2022，12（6）：184-186.

[33] 陈智明，张清荣. 传统文化振兴下长汀县客家文化旅游发展研究 [J]. 海峡科学，2020（3）：76-80.

[34] 于再君，叶博雄，林乙煌. 非物质文化遗产与生态文化旅游融合发展研究——以长汀彭坊村为例 [J]. 龙岩学院学报，2017，35（1）：48-52.

[35] 黎水华，钟斐.供给侧改革环境下的长汀文化旅游产业发展探析[J].中国市场，2016（47）：192-193.

[36] 李文实.长汀文化旅游资源特色及其开发[J].泉州师范学院学报，2015，33（6）：91-96.

[37] 傅生生，许海群.古城历史文化与旅游开发研究——以福建长汀为例[J].郑州航空管理工程学院学报，2014，33（5）：158-161.

[38] 李玥，刘洁，颜建东，等.福建连城冠豸山国家地质公园旅游发展研究[J].中国矿业，2020，29（S1）：110-113.

[39] 谢红梅.连城县民俗节庆旅游资源及开发条件探析[J].旅游纵览(下半月)，2017（4）：147.

[40] 傅生生，李文芳.连城文化旅游发展定位与整体提升探析[J].湖北科技学院学报，2013，33（1）：24-26.

[41] 于建伟.福建省连城县培田古村落传统风貌研究[D].西安：西安建筑科技大学，2010.

[42] 陈华伟.一个客家村落的传统文化与现代性变迁——以连城培田为研究个案[D].福州：福州大学，2003.

[43] 陈晶晶.福建永定区文化旅游开发研究[D].湘潭：湘潭大学，2021.

[44] 伊国鑫.乡村旅游发展对永定洪坑村村民生活方式的影响研究[D].泉州：华侨大学，2018.

[45] 赖河元.龙岩市永定区旅游产业发展策略研究——基于全域旅游视角[D].泉州：华侨大学，2018.

[46] 马腾.基于地方性视角的乡村旅游开发研究——以福建省永定县洪坑村为例[D].福州：福建师范大学，2016.

[47] 曾慧娟，林益丽.主体共治视角下永定土楼洪坑村乡村旅游发展模式研究[J].嘉应学院学报，2020，38（6）：65-73.

[48] 连组轩.党建赋能文旅融合——连城县着力打造中国培田耕读小镇[J].福建支部生活，2023（2）：4-7.

[49] 赖晨辉.闽西农村地区客家文化与乡村振兴融合发展对策研究[D].南宁：广西大学，2021.

[50] 马腾，郑耀星，王淑芳，林荣平，赵亚博.乡村旅游开发对地方性的影响及其机制研究——以福建省永定县洪坑村为例[J].世界地理研究，2018，27（3）：143-155.

后记

本书是曾慧娟副教授主持的福建省社科普及资助项目《留住乡愁：闽西客家文化和旅游融合之旅》（编号：FJ2022JHKP014）和福建省级大学生创新训练项目《记得住乡愁：文旅融合绘就"乡村振兴"锦绣画卷》（编号：202211312026）最终成果。该课题从2022年1月起在闽西客家地区开展细致的田野调查，深入了解客家文化的精神、表现形态及其传承情况，分析客家文化与旅游融合发展模式以及文旅融合对区域文化传承创新与经济发展的促进作用。2023年5月形成研究报告送福建省社科联学会部申请鉴定，2023年6月根据专家意见进行修改完善。

本书在资料搜集和写作过程中，福建省乡村振兴研究会文旅专委会委员、龙岩学院学术委员会副主任委员蔡立雄教授对本书理论框架进行指导；长汀县文旅局黄鲁卡局长，连城县文化馆巫水招馆长，永定土楼旅游发展公司市场宣传部林耀城经理，武平县宣传部中国摄影协会会员李国潮老师，上杭文旅局温文达主任科员、谢萍科长为本书提供照片；龙岩学院经济与管理学院2020级旅游管理专业学生宋江北、陈渊儒、张怡、袁梦英、陈涛等人参与了田野调查和资料搜集。在书籍付梓之际，谨对上述同志表示衷心感谢！

客家文化是历史上汉民族在向南方迁徙并与所经地少数民族融合过程中形成的、在闽西定居后定型的，随着时代的发展和客家人向海内外迁徙，其内涵不断丰富、影响持续扩大。由于内容丰富且独特，传承有序且广大，客家文化与旅游融合具有先天优势。近年来，闽西各客家县大力发展客家旅游，不仅促进文化的创造性转化和创新性发展，而且推进了区域经济社会发展和环境改善与群众增收，还对扩大客家文化在海外传播、铸造中华民族共同体意识、助力祖国统一大业产生积极影响。本书的写作，试图以社科普及文本方式，展示丰富多彩的客家文化、客家文化与旅游融合的多种形式及其成果。

为使书稿兼具科学性与可读性，我们在写作过程中付出巨大努力，一者需要采用信度较高的资料，二者需要文字呈现更加通俗，所以，书中引用众多较为成熟的研究成果、政府工作报告、新闻报道和田野调查资料，部分资料在文中已明确标明出处，还有些资料由于来源多且杂，不能一一标明，在此，对所有资料提供者表示感谢，也对或有标注遗漏的作者致歉。同时，受限于资料以及能力水平，文中难免有诸多不当和错漏之处，我们诚挚地期盼各位专家、读者不吝指教。